AF565373

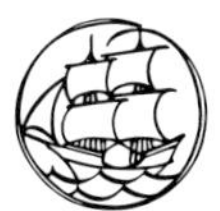

Paula Modersohn-Becker
»Kunst ist doch das Allerschönste«

Briefe einer jungen Künstlerin
Herausgegeben von Corona Unger
Insel Verlag

Insel-Bücherei Nr. 1299

Briefe einer jungen Künstlerin

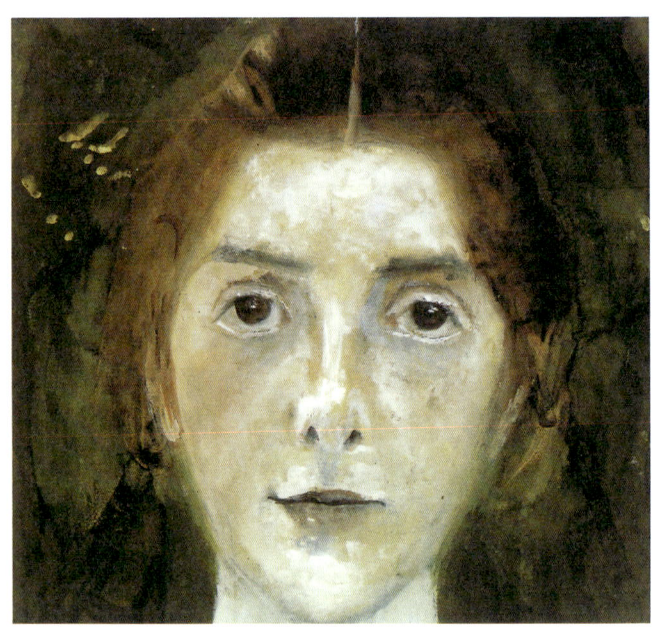

Selbstbildnis, 1897, Paula Modersohn-Becker-Stiftung, Bremen

An die Eltern

Berlin, den 20. Februar 1897

Ihr Lieben!

Ich sitze in der leeren Klasse, um Euch zu schreiben. Ich bin nämlich in der Schule, es ist vor der Stunde. Ich möchte die Tage meines Hierseins versechsfachen können, ich merke, ich bin gerade im Lernen.

Die Farben fangen an, mir himmlisch zu tagen, ihre Verwandtschaft, ihr Charakter und vieles, was sich einfach nur fühlen läßt, gar nicht sagen. Meine neue Lehrerin Jeanne Bauck nennt es auch ein physisches Wohlbehagen. In diesem Wohlbehagen schwebt nun Euer Kind alle Tage.

Fräulein Winkelmann, die talentvollste aus der Klasse, und ich regen uns immer gegenseitig auf. Wenn einer eine schöne Farbe auf der Palette oder der Leinwand hat, so muß er es dem anderen zeigen. Ich fühle mich jetzt auch so heimisch in der Klasse und bin froh, daß sie mich gern haben. Wie oft sagt eins: »Beckerchen, was werden wir ohne Sie machen?«

In der Pause machen wir ordentlichen Schululk, man kann hinterher noch einmal so gut arbeiten. Es sind alles besondere Mädel, in irgendeiner Richtung muß man vor jeder Respekt haben. … Das ist mein Leben, an dem mein Herz mit allen seinen Fasern hängt, auch wenn ich nicht hier bin, sind meine Gedanken doch hier. Vielleicht bin ich dadurch etwas einseitig. Ich glaube aber, wenn man es zu etwas bringen will, so muß man seinen ganzen Menschen dafür hingeben.

An die Eltern

Worpswede, August 1897

Ihr Lieben!

Ich bin glücklich, glücklich, glücklich.

Nur ein paar Zeilen, Euch dies zu melden, denn es schlägt zehn Uhr. Früher konnte ich mich draußen nicht vom Monde trennen. Gestern und heute malten wir in Südwede an einem ganz blauen Kanal. Am Abend stakten uns die drei Vogeler-Brüder auf der Hamme. In der Dämmerung leuchteten die saftigen Hammewiesen. Dann zogen von Zeit zu Zeit diese ernsten schwarzen Segel mit ihrem unbeweglichen Steuermann vorüber. Dann kam ganz leise der Mond. Ich dachte an Euch und dann wieder gar nichts, sondern fühlte bloß.

Heute machten wir eine Expedition nach Schlußdorf. Man hielt dort Missionsfeier unter freiem Himmel. Man sah viel

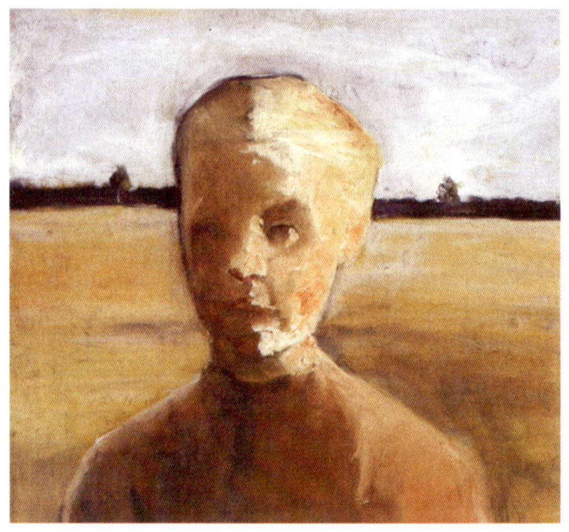

Brustbild eines Mädchens in der Sonne vor weiter Landschaft, 1897, Privatbesitz

feine Männerköpfe, aber die Frauen waren häßlich in ihrer bunten städtischen Kleidung. Dennoch erinnerte das Ganze an Mackensens »Heidepredigt«.
Ganz Worpswede schlummert schon. Nur auf der Kegelbahn gegenüber poltern noch einige unruhige Geister. Die Nacht ist wundervoll sternenklar.
Heute habe ich mein erstes Pleinairporträt in der Lehmkuhle gemalt. Ein kleines, blondes, blauäugiges Dingelchen. Es stand zu schön auf dem gelben Sand. Es war ein Leuchten und Flimmern. Mir hüpfte das Herz. Menschen malen geht doch schöner als eine Landschaft. Merkt Ihr, daß ich nach einem langen fleißigen Tage todmüde bin? Aber innerlich so friedlich, fröhlich. […]

An die Eltern

Den 10. Dezember 1897
(Geschrieben in der Bahn)

Da kehrt Euer Reisekind von seinem Freudenabstecher heim. Mir geht's wirklich zu gut. Kaum ist das schöne Heute vorbei, freue ich mich schon wieder auf das schöne Morgen. In diesem Falle: Wien und Jeanne Bauck. Ich habe vor der Abreise meine Geschäfte geordnet, nun wandere ich morgen wieder seligen Mutes zur Schule.
Aber Wien, Wien! Das hat mich ganz gefangen mit seinen schönen Bauten und seinem historischen Gesicht. Jedes dieser Barock-Häuser hat etwas zu erzählen. Ich lebte zur Zeit des Wiener Kongresses, wo auf diesem Stückchen Erde viel geistig Schaffen vor sich ging. Ich fühle mich immer wunderbar ergriffen an solchen Plätzen, wie überhaupt die Geschichte, das Verkehren mit vergangenen großen Seelen, für mich etwas

Magisches, Faszinierendes hat. Das unbewußte Ergreifen einer Persönlichkeit, das mich beim Malen in schnellen zarten Gefühlsschwingungen vibrieren läßt, was mich beim Beschauen eines großen Bildwerkes mächtig hinreißt, das ist es, was mich stark zur Geschichte zieht.

Ich wünschte, es gäbe eine Weltgeschichte von Herman Grimm geschrieben. Er würde immer die große Persönlichkeit, welche die Ereignisse gestaltet und ihnen den eigentlichen Wert verleiht, in den Mittelpunkt stellen. Diese Auffassung entspricht meinem Ideal weit mehr als die Annahme, daß die Verhältnisse den Menschen bilden. Für den Durchschnittsmenschen mag das der Fall sein, für den Riesen nicht.

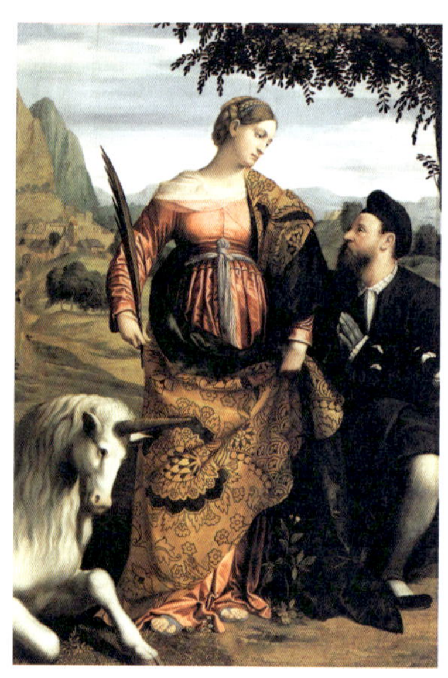

Alessandro Bonvicino, gen. Moretto da Brescia,
Heilige Justina, 1530,
Kunsthistorisches Museum Wien

Aber ich komme ins Phantasieren und verbrauche das Tröpflein Tinte, das ich noch besitze, zu unnützen großen Gedanken. Also lieber mit Bleistift weiter im Text.
Ich habe in Wien herrliche Bilder gesehen. Unvergeßlich bleibt mir Morettos »Divina Justina« und die wundervollen Farben der noblen Tizian-Porträts und Rubens mit all seiner Pracht.
Die alten Deutschen nahmen mich ganz gefangen. Der Dürer hat bei aller Kraft und Männlichkcit so vicl Rührendes, Zartes. Dann der Lukas Cranach mit seinen kleinen, halb kindlichen, halb koketten Evas und dem lieben Herrgott, der den Paradieseskindern ernst mit den Fingern droht. Ein ganz besonderes Lichtlein steckte der Holbein mir an. Es war eine lehrreiche

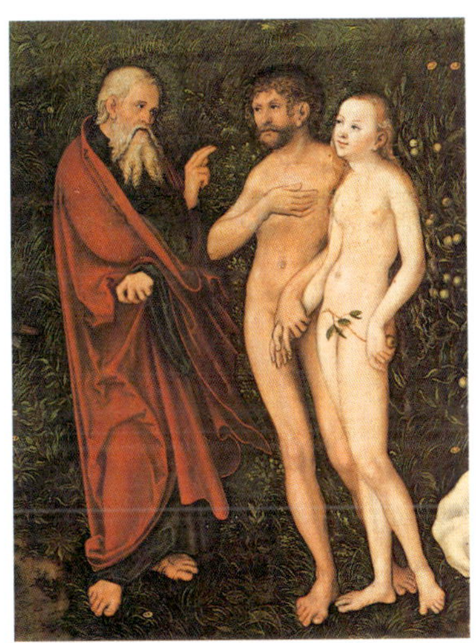

Lucas Cranach d. Ä., Das Paradies (Ausschnitt), 1530, Kunsthistorisches Museum Wien

Illustration zum Texte Bauck: die große Wirkung nobler Einfachheit.
In der Galerie Liechtenstein hat es mir ein Köpfchen Lionardos angetan und die glänzenden van Dycks. Ich habe geschwelgt. Da kriegt man eine gewaltige Ehrfurcht vor dem Menschen. Und das tut gut, denn die sinkt im Leben der Großstadt oft leider zu einem Minimum herab. Aber ich sträube mich dagegen, denn das macht andere nicht glücklich und mich unglücklich.
Nun zur Hauptsache, zu unserer Hochzeit. Es war eine Freude, Lili anzusehen in ihrem weißen Feierkleide. Ihre braunen ruhigen Augen hatten einen sanften fraulichen Ausdruck und weicher Friede lag um ihren Mund. Sie ist ein sonderbar ruhiger Charakter. Ohne irgendwelche Erregung trat sie ihm im bräutlichen Schmuck entgegen. In der Kirche behielt sie das gleiche ruhig-freundliche Gesicht, dem man den Seelenfrieden ansah. Auf den unruhigen Mann muß diese Ruhe wie himmlischer Balsam wirken.
Da ist Berlin!

An die Eltern

Worpswede, den 18. September 1898

Liebsten,
also mir geht es weiter gut. Am Montag konnte ich ja meiner lieben Mutter nicht mehr Lebewohl sagen. Vom Armenhause war ich zu Vogeler gewandert und glaubte Euch dort zu finden. Statt dessen kam ich in ein großes Tohuwabohu. Das Dach lag auf dem Rasen neben dem Hause und Vogeler stieg verträumt die Leiter vom Dachstuhl herab. Als ich dann weiter meines Weges wandelte, oben an der Sandkuhle vorbei, sah ich unten im Tale Euer Karößlein. All mein Rufen und mein Armwinken

brachten Euer Fahrzeug nicht zum Stehen. So tröstete ich mich denn, daß es keine Trennung für die Ewigkeit sei.
Seitdem wandle ich getreulich morgens und nachmittags zu meiner Mutter Schröder ins Armenhaus. Es sind ganz eigenartige Stunden, die ich dort verbringe. Mit diesem steinalten Mütterlein sitze ich in einem großen grauen Saale. Unser Gespräch verläuft ungefähr so. Sie: »Jo, kommt Se morgen wedder?« Ich: »Ja, Mudder, wenn Se's recht is?« Sie: »Djo, is mir eincrlei.« Nach einer halben Stunde beginnt dies tiefsinnige Gespräch von neuem. Dazwischen kommen aber höchst interessante Episoden. Dann hat die Alte eine Art von Halluzination. Dann beginnt sie irgendwelche Jugendbilder zu erzählen. Aber so dramatisch in Rede und Widerrede, mit verschiedenem Tonfall, daß es eine Lust ist, zuzuhören. Man möchte alles gleich zu Papier bringen. Leider verstehe ich nicht alles. Und fragen darf man nicht, sonst kommt sie aus dem Konzept und kehrt in ihr Jammerdasein zurück. Auch die Nachtszenen, die sie mit unserer steinalten Olheit verlebt, wenn jene aus dem Bett gefallen ist und jammert, sind druckfähig. Und zwischendurch muß die arme Seele nach »boben«.
Neben dieser Sibyllenstimme klingt noch ein liebliches Gezwitscher an mein Ohr. Das ist das kleine fünfjährige blonde Mädel, das seine Mutter ungefähr zu Tode prügelte und das jetzt zur Erholung die Armenhausgänse hüten darf. Nun hat sich dies Persönchen in ein Gewebe von Traum und Märchen eingehüllt und hält liebliche Zwiegespräche mit ihrer weißen Schar. Dazwischen kräht sie langsam: »Freut euch des Lebens« und versetzt einem naseweisen Huhn eins mit der Gerte. Mir ist ganz wunderlich in dieser Umgebung.

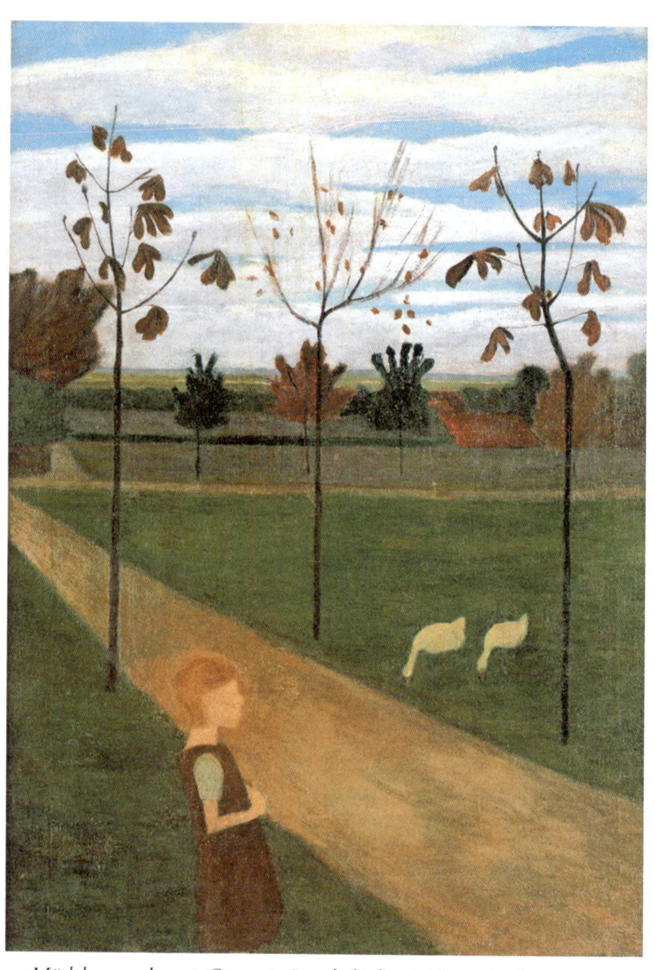

Mädchen und zwei Gänse in Landschaft mit Kastanienbaum, 1899, Lafayette Parke Gallery, New York

An Marie Hill

Worpswede, Mittwoch Juni 1899

Liebste,

Was lockst Du mich? Ich *kann* ja nicht. Es ist ja *unmöglich.* »*Lust haben?*« Ich habe jetzt nur den *einen* Gedanken, mich in meine Kunst zu vertiefen, ganz in ihr aufzugehen, bis ich annähernd das sagen kann, was ich empfinde, um dann vielleicht *noch* mehr in ihr aufzugehen. Ich könnte gar nicht von hier fort, wenn ich auch wollte. Oder vielmehr, ich kann gar nicht wollen. Ich könnte es da unten gar nicht aushalten, trotz Deiner und trotz der Berge. Es ist nicht Undankbarkeit. Mir war ganz heiß bei dem Gedanken, so lange mit Dir zusammen zu sein, denn eigentlich gebrauchen wir's. Und Deine liebe Art, Dir diesen ganzen Plan auszudenken. Sie machte mir das Herz warm. Doch zauderte ich keinen Augenblick. Ich wußte, ich könnte es nicht. Das einzige, was ich mir an Reisen spendieren will, ist eine Woche Dresden, Onkel Arthur und Tante Gretel und Ausstellung genießen. Sonst will ich hier leben. *Leben* und als Mensch und Künstler weiter kommen. Ich komme all diesen feinen Menschen näher und fühle, daß ich viel von ihnen lerne. Denn ich will aus mir machen das Feinste, was sich überhaupt aus mir machen läßt. Ich weiß, es ist Egoismus; aber ein Egoismus, der groß ist und nobel und sich der einen Riesensache unterwirft. So steht's um mich. Verstehst Du es? Ich glaube. Billigst Du es? Ich hoffe. Jedenfalls ich kann nicht anders, will auch nicht anders. Ich fühle mich kräftig und glücklich und arbeite, arbeite, arbeite, um dem Schicksal nicht in der Schuld zu bleiben. Und das Allerschönste ist es doch.

Lebwohl. Erhole Dich in Deinen geliebten Bergen. Genieße Deine Ferien so sehr Du kannst. Und fühle, wie mich Deine Liebe froh macht und ehrt, wenn ich im Augenblick auch nicht gerade viel an Liebe empfangen und Liebe austeilen denken kann. Eins ist not.

Deine Paula

An die Mutter

Worpswede, den 10. November 1899

Liebe Mutter,
ich möchte Dir nur noch einmal schreiben, was ich Dir im Omnibus noch zurief: Sorge Dich nicht um mich, Liebe! Es tut nicht not, wirklich nicht, Liebe. Ich habe so den festen Willen und Wunsch, etwas aus mir zu machen, was das Sonnenlicht nicht zu scheuen braucht und selbst ein wenig strahlen soll. Dieser Wille ist groß, und er wird es zu etwas bringen. Bitte, bitte, laßt ihn dahin streben, wohin es ihn zwingt, er kann nicht anders. Rüttelt nicht daran, das macht ihn traurig und gibt dem Herzen und der Zunge harte Töne, die sie selber schmerzen. Harret noch ein Kleines in Geduld. Muß ich nicht auch warten? Warten, warten und ringen? Es ist eben das Einzige, was so ein armes Menschlein kann: Leben wie es sein Gewissen für recht hält. Wir können nicht anders. Und dadurch, daß wir sehen, daß unsere nächsten liebsten Menschen unsere Handlungen mißbilligen, erwächst wohl große Traurigkeit. Aber wir *müssen* eben wir bleiben, *müssen*, um so viel Achtung vor uns selber zu haben, als man braucht, um dieses Leben mit Freude und Stolz zu leben.

Das sind einige schwere Mollakkorde, die von Ferne das Durgejubel meines Lebens durchklingen. Aber der Jubel sei stärker als sie, und der Feiertag sei größer, auf daß ein jauchzender Wohlklang hervorgehe, der mehr wert ist als jenes Scheinlächeln der Welt, das über müde Lippen und Herzen hinweghuscht. Ich bin noch jung und fühle Kraft in mir, und liebe diese Jugend

und dieses Leben zu sehr, als daß ich sie für dieses Lächeln ohne Freude geben möchte.
Wartet nur ein Weilchen. Es muß alles gut werden.

An Otto und Helene Modersohn

Paris, 9 Rue campagne première
den 17. Januar 1900

Lieber Herr Modersohn und liebe Frau Modersohn,
In den hilflosesten Momenten, die ich hier in Paris verbracht habe, ließ ich meine Gedanken immer nach Worpswede wandeln. Das ist immer ein wundervolles Mittel, denn dann legt sich bald das Chaos in mir und es kommt eine sanfte Stille über mich. Ja, Paris ist wundervoll; aber man braucht Nerven dazu, Nerven und nochmal Nerven; aber starke, frische, aufnahmefähige. Und die sich bei dieser Überfülle von Eindrücken zu bewahren, das ist nicht leicht. Darum sind auch die Leute hier meist blasiert, sehen wenigstens so aus. Sie können wohl für den Augenblick geistreich sein oder lebhaft; aber ein einfaches, tiefes, großes Gefühl, wie wir es haben, das kennen sie wenig. Das fiel mir auch so in der Kunst auf. Da feuerwerkern sie düchtig, und haben Esprit die Hülle und Fülle und jenes Kribbeln in den Fingerspitzen; das Einfache aber das Tiefste aber das haben sie nicht. Ich glaube Paris läßt Einen nicht dazu kommen, ein Gefühl ordentlich auszufühlen. Mit vollen Händen reicht es immer neue, schöne Sachen. Oder liegt es an mir. Bin ich zu langsam und ungeschickt im Verarbeiten der einzelnen Eindrücke? Ich weiß es selbst noch nicht. Sie meinen nun wohl, es gefiele mir hier nicht? Im Gegenteil, wenn der Mammon nichts dagegen hat, bleibe ich hier noch lange über den Frühling hinaus, denn mir kommt es vor, als ob man auf Schritt und Tritt lernte. Das Louvre! Das Louvre hat mirs an-

gethan. Jedesmal, wenn ich dort bin fließt es wie ein reicher Segen auf mich nieder. Ich komme Tizian im Verständnis näher und lerne ihn lieben. Und dann eine süße Botticelli-Madonna mit roten Rosen hinter sich auf grünblauem Himmel stehend. Und dann Fiesole mit rührenden kleinen biblischen Geschichten, so einfach erzählt und manchmal wundervoll in der Farbe. Ich fühle mich so wohl unter dieser Gesellschaft von Heiligen. – Und dann die Corot, Rousseau, Millet, von denen Sie mir schon erzählt haben. Vom Millet sieht man fabelhaft feine Sachen in den Kunstläden. Ein Mann auf dem Felde, der sich die Jacke anzieht, gegen helle Abendluft, das war für mich das Schönste. Na, und der Luxembourg! – und überhaupt diese Luft hier! Da habe ich Sie schon oft herbeigewünscht, Herr

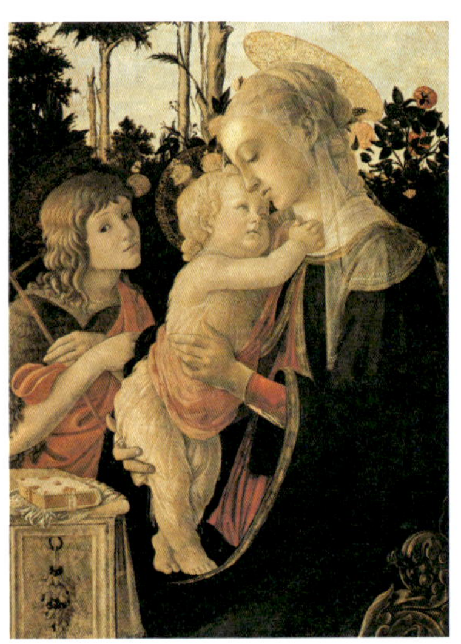

Sandro Botticelli, Maria mit dem Jesuskind und dem Johannesknaben, um 1468, Musée du Louvre, Paris

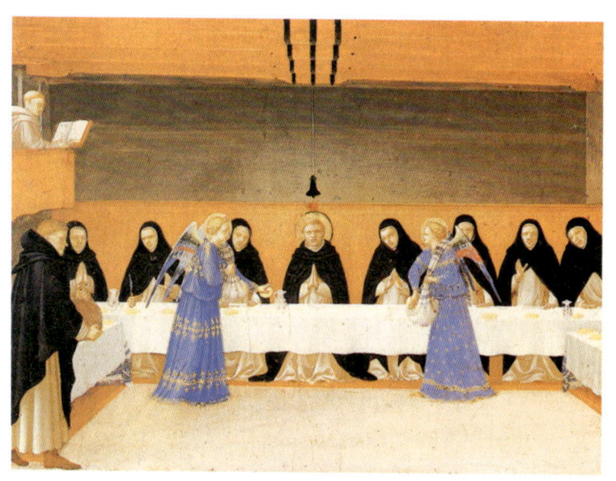

Giovanni da Fiesole, gen. Fra Angelico,
Krönung Mariae, Ausschnitt aus der Predella:
Das Mahl der Mönche, von Engeln bedient, 1434-40,
Musée du Louvre, Paris

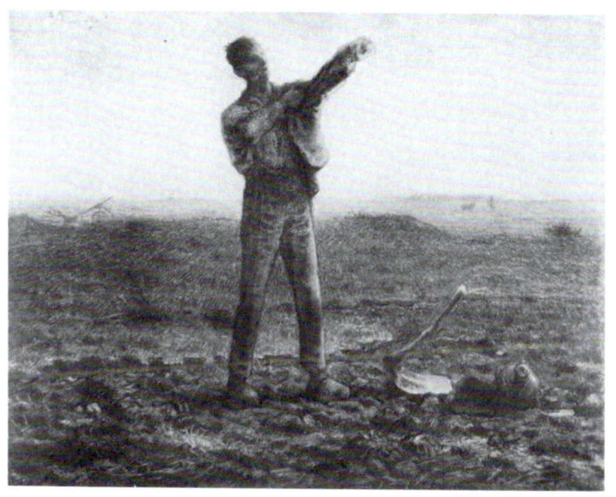

Jean-François Millet, Das Ende des Tages, 1867-69,
Memorial Art Gallery of the University of Rochester

Modersohn, und habe es richtig als ein Unrecht gefunden, daß ich dies alles sehe und Sie nicht. Die Lüfte, wenn man über die Sein[e]brücken geht. Da flimmerts durcheinander von feinen, grauen und gelben und silbern Tönen, das Geäst der Bäume ganz in sich einhüllend. Dagegen stehen dann all die schönen Bauten wundervoll tief. Der Luxembourggarten im Dämmerlicht, überhaupt das dämmern hier. Einmal war ich vor der Stadt in Joinville. Dort fließt die Marne. Es war ein trüber Tag. Die Luft graugelb, das Wasser graugelber, trübe Wiesen und lange kahle Pappeln. Das hatte einen eigenartigen Reiz. – Und das Straßenleben! Aller Augenblicke giebt [es] was Neues zu sehn. Dort setzt sich ein Kerl auf die Erde etwas mit Kreide auf das Pflaster schreibend. Bald hat er ein dichtgedrängtes Publikum um sich, das er freundlich über das Ohr hauen kann. Ein andermal zeigt ein Akrobat auf offener Straße seine Künste. Da greift fast jeder Arbeiter in die Tasche und wirft ihm seinen Sou zu. In der »Crémerie«, wo ich heute mit allerhand fröhlichem, freundlichem Gesindel zu Mittag aß, spielte ein Alter die Guitarre und sang chansons dazu, zum großen Ergötzen seiner Zuschauer, die mit lachenden Stimmen bei dem Refrain mit einsetzten. – Ich gehe Vormittags auf eine Akademie (Cola Rossi). Dort habe ich einige sehr feine Correkturen gehabt, hauptsächlich von Courtois, der ist fein für die Valeurs. Collin, der im Anfang der Woche korrigiert ist mehr für die Richtigkeit. – Zwei Wochen habe ich die schmuddelige Wirtschaft im schmuddeligen Atelier ertragen. Seit Sonntag aber bewohne ich ein Puppenatelier mit eignen Möbeln, d. h. eine Bank, ein Tisch, ein Stuhl. Das Übrige sind Kisten mit Cretonneüberzügen. Fein muß es sein, sich hier mit Geld einzurichten. Es giebt so viele feine Althändler, und so tausend feine Dinge. Oft kommt die Wut über mich. Dann gehe ich in die Läden und frage, was die Sachen kosten. Wenn ich mich dann düchtig umgesehen habe gehe ich beruhigt fürbaß. –

Maler giebt es hier wie Sand am Meere. Darunter die originellsten Erscheinungen. Wenn man guter Laune ist, ist überhaupt alles amusant. Nur wenn man schwach ist, kommen die Kater über Einen. »Der Menschheit ganzer Jammer faßt mich an.« Man sieht furchtbar viel Elend hier, viel Korruptes und Degeneriertes. Ich glaube, wir Deutschen sind doch bessere Menschen.

Und in diesem Sinne schließe ich. Entschuldigen Sie, wenn ich Ihnen so furchtbar viel vorerzählt habe. Sie kennen ja schon meinen Fehler. Wenn Sie einmal Zeit haben, würde es mich *riesig* freuen, ein paar Zeilen von Ihnen zu bekommen. Also auf Wiedersehen im Frühling oder Herbst oder nächsten Frühling.

Ihre Paula Becker

Clara Westhoff wohnt mit mir im selben Haus, wirkt hier in Paris überlebensgroß und läßt schön grüßen.

Wenn Sie überhaupt vorhaben, einmal an mich zu schreiben, dann thun Sie es doch bitte am 8. Februar. Da ist nämlich mein Geburtstag.

An Otto und Helene Modersohn

Paris, 9 Rue Campagne Première
den 29. Februar 1900

Liebe Frau Modersohn und lieber Herr Modersohn.

Da komme ich endlich zu dem Brief. Hier in Paris »kommt« man nämlich zu so tausend Sachen, und das ist dann eben erst die Hälfte von alledem, was man thun möchte. Also eine von diesen tausend Sachen schreibe ich mir augenblicklich endlich von der Seele. Zuerst vielen Dank für Ihren lieben Brief zum

»Heiligen 8«. Er machte mir so *sehr* große Freude. Er erfüllte mich ganz mit Worpsweder Gefühlen. Überhaupt jetzt, wo man das Nahen des Frühlings so in sich und um sich hat, da denke ich manchmal in wie viel reinerer Gestalt es ihm vergönnt ist in Worpswede seinen Einzug zu halten als hier. Auch hier spürt man ihn ja auf Schritt und Tritt. Aber in diesem Riesenorchester hier spielen so tausend Geiglein. Man kann den Klang des einzelnen nicht mehr erfassen. So geht mirs auch mit dem Frühling. Übrigens bin ich von Veilchendüften umgeben, (die vielen künstlichen gar nicht mit gerechnet, denn die sind meist sehr unkünstlich.) Blumen sind hier eins von den wenigen Stücklein Natur, an welches sich die Leute klammern. Und dann fassen sie sie nicht als Blumen auf wie wir Deutschen, sondern mehr als etwas Duftendes, Farbiges. Wir Deutschen in unserer Auffassung sind wohl etwas schwerfällig, etwas bieder, nicht nervös genug. Aber man spürt doch irgendwo einen warmen Herzschlag. Bei diesen Leuten sprechen eigentlich nur die Nerven. Das kommt in ihrer Kunst überall zu Tage, in feiner und nicht feiner Weise. Und da, wo es fein auftritt, da können wir Deutschen viel lernen. Von neusten Bildern sieht man wenig. Sie bleiben wohl zum Salon und der Ausstellung. *Sehr* interessierten mich ein paar farbige figürliche Studien von Bonnat, tief und einfach im Ton und kolossal zusammengehalten. Dann ist da der Degas, von dem unsereins natürlich wünscht, daß er einmal etwas anderes leistet als Balleteusen und Absynthkneipen. Mir scheint es auch als ob er das Naive in der Linie zu sehr sucht und dadurch maniriert wird. Aber er hat eben auch dieses technisch Künstlerische.

In mehreren Salons à la Schulte, wo man über die Schleppen des eleganten Paris stolperte, gab es viel Süßes und Schlechtes und Seichtes. Ich denke eben immer noch, daß irgendwo Schätze begraben sind.

Viel Schönes, Tiefes sagt der Puvis de Chavannes. Das ist einer, der steht auf einmal so ganz vereinzelt dazwischen. Natürlich sind die Älteren alle wundervoll, die Rousseau, Corot, Daubigny, Millet, Courbet. Kennen Sie Monet. Ich hatte in Deutschland seinen Namen gehört. Neulich sah ich eine Anzahl Bilder von ihm. Auch hier schien mir die Auffassung der Natur eine oberflächliche. Ich wüßte gerne Ihre Meinung. Velasquez giebts im Louvre nur zwei spanische blonde Prinzeßchen, im grau weißen Kleidchen mit stumpfem Rosa besetzt. Kolossal fein und gehalten in der Farbe. Vom Rembrandt sind da zwei kleine feine Bilder: Christus bei den Jüngern zu Emmaus und eine heilige Familie. Turner ist glaube ich gar nicht vertreten. –
Nun noch ein wenig von meinem Leben. In der kleinen Rue de

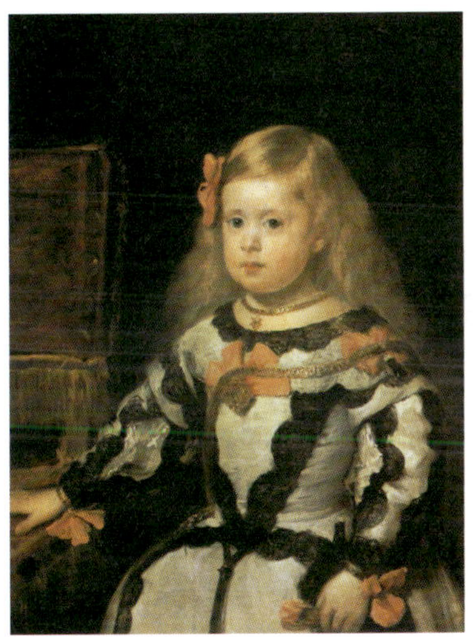

Diego Rodriguez de Silva y Velázquez,
Infantin Maria Marguerita, 1654,
Musée du Louvre, Paris

la grande Chaumière hat der Cola Rossi seine Akademiehäuser, worunter kleine rumpelige, schmutzige, komische Baracken zu verstehen sind, denen es aber an Poesie nicht fehlt in Gestalt von einem Treppenaufgang von wildem Wein umrankt, von einer eigentlichen Ballustrade, auf der man in den Pausen Luft schöpft, und von durch ihr Alter und ihren Dreck Ehrfurcht einflößende Portieren. Cola Rossi ist neben Julian die beste Akademie. Er selber ist früher Modell gewesen, spielt jetzt den Grandseigneur und läßt beim ersten Schneider arbeiten, er protegiert die Künste, die Professoren und Eleven, oder thut wenigstens so, hat meist Montags ein Gesicht, als ob er Sonntags was ausgesessen hätte, was er wohl auch in der Woche thut.
In diesen heiligen Hallen zeichne ich Akt morgens mit den Weiblein, Abends mit den Männlein. Man kann hier auch Malen, aber da werden so viel Scheußlichkeiten geboren, daß ich mir das ohne Schwierigkeit verkneife. Saußig, nur auf die Modellierung geachtet. Zwischen den Weiblein morgens giebt [es] viel rauhe Haare und ungeputzte Stiefel, einige kluge Köpfe, und wenig Talent. Sie arbeiten mehr wie das Herdenvieh, ohne Ahnung worauf es ankommt. Nachmittags bummle ich umher, schau mir die Welt an oder arbeite hier in meinem grünen, kleinen Atelier. Abends um sieben Uhr bei den Männlein geht's noch komischer zu. Giebt es da komische Gestalten! Eigentlich vernünftig wie bei uns zu Hause sieht kein einziger aus. Sammetanzüge, lange Haare, Hemdärmel, Handtücher als Schlipse und andere kleine Eigenheiten haben diese angehenden Künstler aufzuweisen. Galavorstellung: Bombardement mit Brotrinden, Hahngeschrei und Katzenkonzert und allgemeine liebevolle Prügelei. Viel Yankees, viel Spanier, Engländer, einige Franzosen und Deutsche. Die Unterhaltungen der Herrn sind oft eigenartig. Der Punkt, worum sich alles dreht ist »elle«. Wenn bei der Arbeit einer mal seufzt, heißt es gleich:

»Est-elle gentille?« Denn daß man nach und um etwas anderes seufzen kann, als um eine »sie«, scheinen sie noch nicht oder nicht mehr zu wissen. Im Ganzen wird hier aber viel besser gearbeitet, das heißt mit wenig Auffassung, aber richtiger, als bei den Fräuleins. Im Ganzen sitzt aber mehr Gesundheit und Kraft dahinter. Und was bei den Männern etwas raudihaft wirkt, wirkt bei den Mädchen gleich so unschön. Wir haben es glaube ich doch schwerer. Aber *trotz und alledem ist das Leben schön* und ich fühle das und komme auch mit meiner Kunst weiter und bin froh. Ich bleibe hier so lange wie ich kann. Und dann *kann* ich vielleicht ein wenig und dann komme ich wieder nach Worpswede. Denn *wie* lieb ich das habe, das fühle ich hier in der Ferne ordentlich. –
Des Sonntags machen Clara Westhoff und ich kleine Spritztouren aufs Land. Da ist es *sehr* fein. Hügelich lange dürre Pappeln am Wasser, weiches, toniges Gras, das heißt bei bedecktem Himmel. Bei Sonne ist mir die Erde viel zu hell, ich möchte dann alle Farben tiefer haben, satter und werde ganz ärgerlich bei dieser Helligkeit. – Manchmal geht es auch abends auf die Boulevards. Da giebts viel komische Dinge zu sehen, Dinge wie man sie in Worpswede auch nicht kennen lernt. Und nun noch schönen Dank für das Kirchlein und die Schokoladenadresse und Schluß der Epistel und einen herzlichen Gruß von

Ihrer Paula Becker

Die Bilder hätte ich so gerne gesehen. Wenn Sie einmal Zeit haben, Herr Modersohn, schreiben Sie doch einmal, was Sie jetzt malen, das interessiert mich ja alles so sehr. Und Elsbeth als große Reisende.
Neulich sah ich Heinrich Vogeler auf dem Weyer Berg am Fenster, auch eine heimatliche Erinnerung.

An die Eltern

[Um den 3. 3. 1900]

Also ich habe eine Medaille und bin in der Schule ein großes Tier geworden. Die vier Professoren haben sie mir zugesprochen. Zwar damit, was ich hier in der Schule gelernt habe und noch lernen werde, damit hat die Medaille nichts zu tun. Das sitzt viel tiefer. Innerlich ist mir aber froh. Ich fühle mich erstarken und weiß, daß ich durch den Berg hindurchkomme und über ihn hinweg. Und wenn ich ihn erst hinter mir liegen habe, werde ich mich einen Augenblick umschauen und sagen:

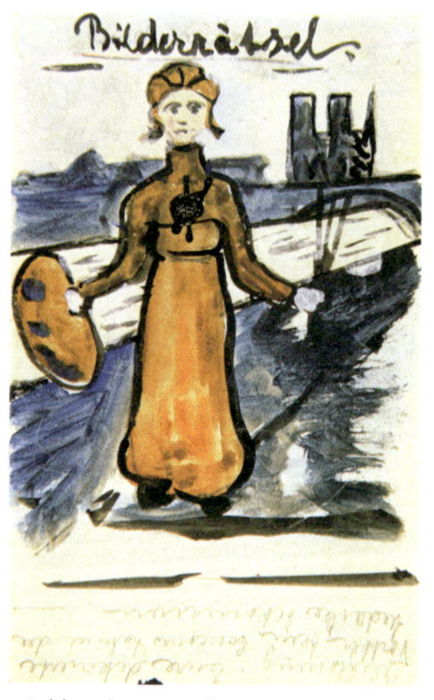

Bildpostkarte an die Mutter aus Paris,
1. 3. 1900, Privatbesitz
»Bilderrätsel – Auflösung, Eure dekorierte Tochter, beim Concours habe ich die Medaille bekommen.«

das war nicht leicht. Wohl werden vor mir neue Berge liegen. Aber das ist ja grade das Leben und dazu hat man seine Kräfte.
Wie sehr ich diesem Pariser Aufenthalt innerlich dankbar bin! Eigentlich ist es nur ein fortgesetztes Worpswede: ein stetes Arbeiten und Denken an die Kunst. Aber mir haben sich neue Perspektiven aufgetan, Ergänzungen und Erläuterungen zu dem Alten, und ich fühle, daß es was wird. Es ist eben auch hier bald Frühling.

An Otto und Helene Modersohn

Paris, 9 Rue Campagne Ire
Anfang Mai 1900

Liebes Ehepaar Modersohn,
Nun wird mir des Schweigens auch zu viel. Ich *muß* reden, und tüchtig reden. Ich bin nämlich in der Ausstellung gewesen und die ist einfach *kollossal* fein. Ich glaube, so etwas giebt es nicht so bald wieder. Alle Nationen sind wundervoll vertreten. Ich war gestern und heute da und diese Tage bilden einfach eine Epoche in meinem Pariser Leben. Sie *müssen* einfach herkommen. Sie *dürfen* dies gar nicht an sich vorbei gehen lassen. Gerade Sie mit Ihren Farben. Ich glaube Sie werden kollossale Anregung finden. *Liebe* Frau Modersohn, können Sie mit. Hier giebt es so wundervoll viel Schönes zum Lachen. Ich möchte es Ihnen so gerne alles zeigen. Wie geht es wieder mit Ihren Kräften nach diesem kalten scheußlichen Winter, der aller Orten Influenza und Krankheit gebracht hat. Können Sie schon wieder solch eine lange Reise vertragen. Sonst wenn es nicht geht, schicken Sie Ihren Mann alleine fort. Er wird natürlich nicht wollen ohne Sie, sein Sie aber unerbittlich und streng. Geben Sie nicht nach. Eine Woche genügt. Dann kehrt er voll von

Eindrücken zu Ihnen heim. Herr Modersohn, schreiben Sie mir doch umgehend, wann Sie kommen. Kosten wird es nicht viel. Ich miete im Voraus dann unter der Hand irgend ein Zimmer von einer abreisenden Malerin. Mittags wissen wir billige Crémerien, wo es gut für 1 fr zu essen gibt. – – – Das Schönste für mich sind die Franzosen. Der Cottet sagte mir: »Unser Volk ist eines der Dekadenz, aber in dieser Dekadenz leben einige Naturen unabhängig davon. Und das gestaltet ihre Kunst zu so einer eigenen.« Und das ist wahr. Jetzt fühle ich wie wir in Deutschland noch lange nicht genug losgelöst sind, nicht über den Dingen stehen und noch zu viel an der Vergangenheit kleben. Ich fühle jetzt Liebermann, Mackensen und Consorten. Sie alle stecken noch viel zu sehr im Konventionellen. Unsere ganze deutsche Kunst. Ich kann ja nicht endgiltig urteilen, der heutige Eindruck heute war aber traurig. Zu, zu schade, daß Sie keine Bilder hier haben. Ich glaube das hätte sich noch machen lassen. Ich hätte sie alle so gerne hier gesehn. Wissen Sie, Sie sind einer der sich durch diesen Berg der Convention hindurchgearbeitet hat. Alles andere fällt von Ihnen ab. Ich hoffe ganz riesig auf Ihre Zukunft. Entschuldigen Sie, daß ich Ihnen das so ins Gesicht sage. Ich mußte es mir aber mal von der Leber wegsprechen. Ich habe es so oft gedacht. Sie, vielleicht Heinrich Vogeler, wenn er über den Berg hinweg kommt, und ein Meißener, Zwintscher, ein ganz anderer, von Ihnen halte ich viel. Die andern kenne ich vielleicht nicht oder verstehe sie nicht und gebe mir auch keine Mühe, denn so ein Menschlein, das so im Wachstum begriffen ist, wie ich im Augenblick, das muß zuerst auf seine eigenen Arme und Beine denken. Ich habe ziemlich schwere Wochen hinter mir. Ich habe mich so gequält, da war es mir gestern in der Ausstellung wie eine Erlösung. Ich glaubte wieder an die Kunst in ihrer ganzen Größe, und auch, daß mein Feuerlein einst ein wenig Wärme geben werde. Ich male jetzt nämlich auf der Akademie. Ahnen Sie, wie schwer das ist? Ich weiß nicht, ob unsere deutschen Akademien auch so sind, aber dies ist furchtbar. Man malt ganz ohne Farbe. Das A und das O sind die Valeurs, das andere ist alles Nebensache. Ich bin furchtbar ausgescholten worden. Ich dachte, die Valeurs wären meine gute Seite. Jetzt merke ich, wie viel ich da noch lernen muß. Ich werde wahrscheinlich bis zum 1. Juli aushalten. Zwei Wochen lang wird an einem halblebensgroßen Akt gemalt (das heißt Licht und Schatten in den rechten Valeurs hingesetzt. Malen darf man das eigentlich nicht nennen). Aber ich glaube mein Gefühl für Form wird dabei auch verfeinert. Kurz und gut: Ich will es aushalten. Ich halte überhaupt mehr von einem freien Menschen, der die Convention bewußt von sich thut. Ich meine, er muß sie besessen haben, und sich in ihr in Selbstzucht und Maß geübt haben. Dann kann er sich von ihr abwenden. Redet einer dagegen, der sie *nie* besessen hat, da habe ich leicht das Gefühl: die Trauben hängen dem Fuchs zu hoch. Mir scheint, so ist es auch mit der Kunst. Mit dem sogenannten »Ausleben« ist es scheint mir doch eine wackelige Sache. Wir müssen mal mündlich darüber sprechen. Wenn Sie aus diesen schriftlichen, unstylisierten Gedankensplittern etwas machen können, so rechne ich es Ihnen sehr hoch an. –

– Aber wieder zur Ausstellung, auch nur in Splittern, denn in mir purzelt es noch alles so durcheinander, wie in dem Kaleidoskop, was wir als Kinder hatten. Also die Franzosen sind für mich das Feinste. Voran der Cottet. Da hat er einen [!] Triptychon, vom Luxembourg angekauft: Au pays de la mer. In der Mitte beim Schein einer hängenden Lampe Frauen und Kinder beim Abendbrot mit traurig wartenden Gesichtern, hinten durch die Fenster schimmernd blau das Abendmeer. Link[s] ein Stück Boot mit Schiffern auf stürmendem Meer, rechts der abendliche Strand mit harrenden Frauen und Kindern.

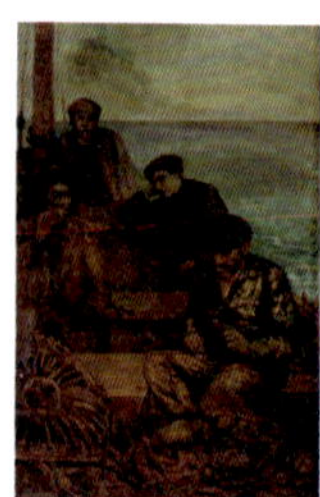 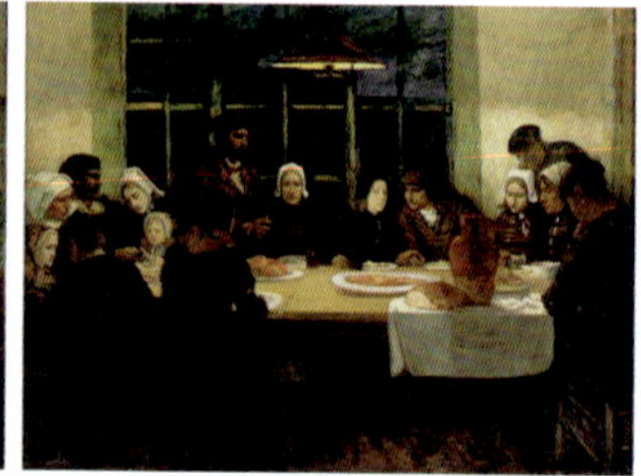 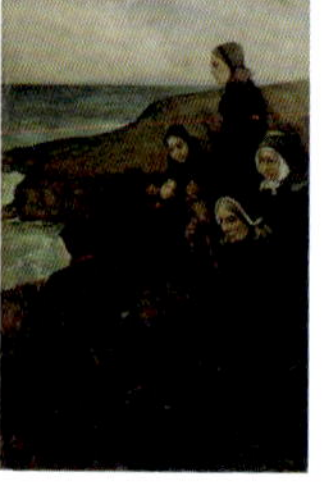

Charles Cottet, Im Lande des Meeres, 1898, Musée d'Orsay, Paris

Eine Tiefe der Farbe, eine ornamentale Größe und zarte seelische Auffassung sprechen aus dem Bilde. Ein anderes: ein Schimmel auf einer Abendwiese, ein drittes drei schwarze Frauen am Strande. Er ist ein feiner Kerl, rothaarig, rotbärtig, voller Leben. Ich habe ihn leider nicht wieder gesehn. Als er zu mir kam, war ich leider nicht zu Hause. Aber nächste Woche vielleicht. Doch habe ich jetzt kaum Mut. Ein anderer feiner Kerl ist der Lucien Simon mit einem eigenartigen, naiven, gesunden Formengefühl und Velasquez-Tönen in seinem Weiß und Schwarz. Dann war ein großes Bild, auch Männer am Meere, von Jean Pierre. In dem Bilde ist eine kleine Ecke, die drückt das aus, worauf ich strebe, eine tiefe farbige Leuchtkraft in der Dämmerung, farbiges Leuchten im Schatten, Leuchten ohne Sonne, wie im Herbst und Frühling in Worpswede, hellblauer Himmel, große, weiße Wolkenballen und keine Sonne. Wie sehr ich mich auf die Heimat freue, kann ich Ihnen gar nicht sagen. Das, was für mich das Schönste ist, das Tiefe, das Satte in der Farbe sehe ich hier nicht. Es ist ein helles, heiteres, graziöses Land. –

Innerlich sehr nahe stehen mir die nordischen Völker, nicht so sehr in der Art, wie sie sich ausdrücken, als in dem Geist aus dem sie arbeiten. Finnland ist auch vertreten mit höchst origineller Formauffassung. Zwar stört mich jetzt ein wenig der

Mangel an Konstruktion all dieser nordischen Menschen. Stört ist nicht das richtige Wort, aber ich sehe ihn, während ich ihn früher nicht sah. Das ist glaube ich ein Pariser Fortschritt. Denn Konstruktion ist auch eines von den Schlagwörtern. – Segantini ist vertreten in großen, schönen, ernsten Bildern, ein wenig hart, aber aus einer tiefen Seele geschrieben. Der große Skulpturensaal hat mich vor der Hand nur schwindelig gemacht. Aber der Rodin, der ist ein Titane. *Wie* der die Form fühlt und die Bewegung in jedem Gliede und wie doch das Ganze in Ruhe und Abgeschlossenheit daliegt. Ja, man ist glücklich, so etwas schauen zu dürfen. Man muß es sich aber auch durch schwere Stunden verdienen. Im Luxembourg fange ich jetzt auch an, aus vielen Bildern etwas zu schöpfen, die mir im Anfang fremd waren, da sie aus so einem andern Gefühl als unserem deutschen geschaffen wurden. Das Leben hier ist überhaupt voll und schön und ich fühle es wundervoll vor mir liegen. Da will ich mich gerne schinden und plagen, wenn dann von Zeit zu Zeit meine Seele ein Abendlied singen kann. –

Das war eine lange Epistel. Entschuldigen Sie bitte beide gütigst. Auch diese scheußliche Schrift. Mein Korbstuhl streikt nämlich. Er will diese sündige Hülle nicht länger tragen. Ich sitze ungefähr auf der Erde. Na überhaupt in der Beziehung kann ich nun manch fröhlich Liedlein singen, was auch lieblicher in der Vergangenheit als in der Gegenwart ist. Eine kleine Amsel habe ich auch. Die zwitschert vor meinem Fenster, und ein Gewitter habe ich auch eben gehabt, denn heute herrschte Sommerschwüle. Und nun ist wieder Frühlingsregenduft.

Auf dem Montmartre sind wir neulich auch gewesen. Da liegt die Kirche ernst über der großen Stadt und mahnet zur Buße in wundervollen Glockentönen. – Und kleine deutsche Künstler haben wir auch, mit denen wir tanzen und rudern und deutsche Volkslieder singen.

Es ist gut, daß es dunkelt, sonst würde ich Ihnen noch tausend Dinge vorerzählen, denn dies Paris *ist* eine Stadt und ich bin nicht zum *letzten* Male hier gewesen.
Nach den nordischen Ländern gehe ich auch noch einmal. – So etwas von Frühlingsüppigkeit habe ich mir nicht träumen lassen, eine duftdurchschwängerte Luft. Überall Kastanien mit ihren tausend leuchtenden Fackeln, Syringen, Goldlauch, Glyzinie, Rotdorn und geputzte Frauen.
Doch nun wirklich leben Sie wohl. Mittlerweile brennt auch mein Lämplein.
Sagen Sie doch bitte Overbecks, wie schön die Ausstellung ist, wie kollossal anregend; obgleich ich glaube nicht ganz der Fall von Herrn Overbeck. Aber ansehen muß er sie auch. Und Heinrich Vogeler und Frau Bock. Die müssen auch kommen. Erzählen Sie ihnen viel. Frau Bock kriegt auch in den nächsten Tagen selber einen Brief. Und eine ungarische Musikkapelle mit *Walzern*!!!! Spottet aller Beschreibung, so gar unser Worpsweder Dreyfuß und »O komm Karlineken«.
Das Sitzen war schwer. Zweimal haben wir hier schon nächtlicher Weile auf der Straße auf dem Asphaltpflaster getanzt. Die Leute hier tanzen los, wenn es ihnen Spaß macht. Die warten nicht bis zum nächsten Schützenfest. Und in diesem Sinne leben Sie wohl. Ich habe mich riesig über Ihren Brief gefreut, voll lieber Worpsweder Laute. Und ich freue mich auf den nächsten. Und Sie müssen kommen.

Ihre Paula Becker

Aber bald, sonst wird es zu heiß.

An die Eltern

Paris, 9, Rue Campagne Ire
den 4. Mai 1900

Ihr Lieben,
jetzt habe ich es fein gut gehabt. Nun ist mir wohl zumut, zwei liebe »Graue« und einen lieben Vaterbrief. Habt tausend Dank. Daß ich Euch einen so langen larmoyanten Brief geschrieben habe, tut mir hinterher recht leid. Wißt, ich bin gerade in einer schweren Stimmung, die auch wohl noch einige Wochen andauern wird, bis ich das Hindernis genommen habe; es ist was beim Malen. Dann kommt der Jugendübermut wieder über mich. Etwas Unangenehmes vorgefallen ist nicht im geringsten. Auch fühle ich mich wohl und danke für Eisen. Wenn ich mir was zugute tun will, so hole ich mir eine Flasche französischen Rotwein für sechzig Cts. Aber Mutting, die Geschichte mit Brandes und der Anekdote paßt doch nicht auf mich. Denn trotz dieses Riesenkatzenjammers habe ich jetzt äußerlich ein höchst fideles Leben und lache viel. Nur hat der innere Mensch nicht viel Teil daran, der verlebt eben die schwarzen schweren Stunden, die mit der Kunst verbunden sind, und ringt mit dem Engel des Herrn »Ich lasse dich nicht, du segnest mich denn«.

Wir kennen jetzt einen ganzen Schwarm junger deutscher Künstler. Mit denen ziehen wir allwöchentlich über Land, tanzen, rudern, singen in der Dämmerung deutsche Lieder, sind überhaupt »deutsch«, was hier im Welschlande von Zeit zu Zeit gut tut. Es ist ein prächtiger Schlag: zuverlässig, arm und kindlich, sie sind sehr anders als die jungen Franzmänner. Sie sind mit Feuer bei ihrer Sache. Da kommen eine Menge natürlicher guter Anschauungen zutage, die einem das Herz erfreuen und erfrischen. Wißt Ihr, Barbaren sind wir ja gegen die Franzosen und ich verstehe, daß sie uns als solche empfinden. Aber

Kraft und Jugend sitzt dahinter. Man hört auch mal über den Lauf der Welt und ein Wort über Politik und Geschichte. Also Spaß macht es doch. Und den Jammer, den läßt man eben zu Haus.

Sonnabend und Sonntag waren wir draußen bei Uhlemanns in Joinville. Die alte taube Dame denkt nur daran, wie sie andern Leuten eine Freude bereiten kann. So wollte sie uns diesmal die Schwelgerei eines wirklichen echten Bettes genießen lassen und kochte mit eigener liebevoller Hand für uns. Das genießt man doch sehr nach den sieben mageren Jahren.

Dann haben wir eine schöne Ruderfahrt gemacht auf der Marne, über uns blühende Bäume und Nachtigallen, denn der Frühling ist hier jetzt mächtig im Gange. Und wenn nicht von Zeit zu Zeit ein Lüftlein weht, so wirkt er betäubend mit seinen tausendfältigen Düften.

Kennt Ihr Klingers Radierungen: »Eine Liebe«? Er ist es selber auf mehreren Blättern mit einer reizvollen Frau zusammen inmitten eines Übermaßes von blühenden Kastanien. Die Leidenschaft in den Blättern, die duftgeschwängerte Luft, das ist französischer Frühling. Geht man jetzt durch den Jardin du Luxembourg, so sitzt auf jeder Bank ein Pärchen und schnäbelt sich. Es ist eine andere Schnäbelei als unsere deutsche: lachender, weniger sentimental und etwas zerstreut. Es sieht aus, als ob beide Teile schon wieder andere Rendezvous im Sinne hätten.

Wieder habe ich von Paris etwas Schönes gesehen: den Montmartre. Großartig beherrscht der Berg die Stadt. Auf steiler Straße zwischen kleinen Häusern steigt man zu ihm hinauf. Alte Frauen sitzen vor der Tür und flicken, und die jungen werfen die Augen rechts und links, denn hier ist wieder ein Malerviertel. Schließlich kommt man auf einen kleinen Markt, die Hühner laufen über den Weg. Dann steht man vor der schönen

Kirche Sacré-Cœur, die ernst auf das bunte Paris hinabschaut. Wir betraten sie abends halb neun. Es wurde das Abendgebet gesprochen. Hier und da ein Lichtlein, der rötliche Schein der ewigen Lampe und tiefes Schweigen. Wir speisten zu Abend im refectoire unter lauter alten Betschwestern. Die eine, Valentine, achtzig Jahre alt, mit furchtbaren Mienen und Gesten, wollte uns sogar bekehren. Die ist aber auch erst fromm geworden, als alles andere nicht mehr ging. Sie fragte nach unseren petits noms und wollte uns nie vergessen, und liebte uns trotz alledem, nahm jede unserer Hände zwischen ihre zwei großen fleischigen und schlurfte von dannen.

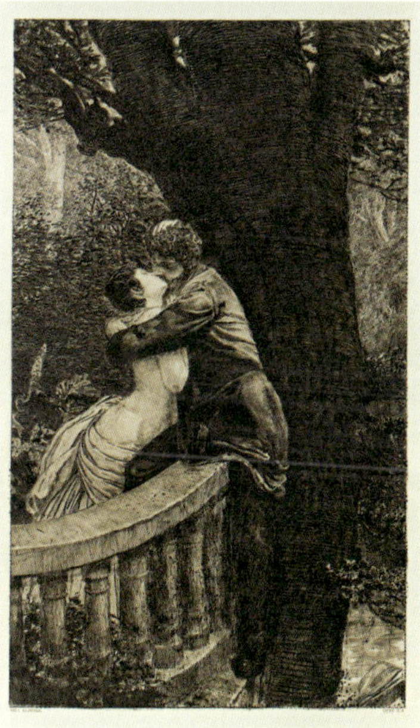

Max Klinger, Im Park, 1887,
aus: Eine Liebe, Opus X, Blatt 4

Ich fange an, Paris zu überwinden. Ich finde mich selbst wieder und meine innere Ruhe; habe in der letzten Woche schöne, volle, tiefe Tage gehabt. Die Eindrücke werden einzelner, man rückt ihnen näher und kann sie gesammelt in sich aufnehmen. In den ersten Wochen meines Hierseins jagte ein Eindruck den andern. Sie ängstigten mich in ihrer ungeheuren Zahl. Nun werden es allmählich alte liebe Bekannte, die einen nicht mehr aus der Fassung bringen. Ich habe das schöne Gefühl, daß ich tüchtig weiter komme, mich nach einer anderen Seite hin strekke und wachse. Das ist ein tiefes ernstes Glücksgefühl.
Vielen Dank für das Geld. Es kam im gegebenen Augenblick. Es war eine halbe Stunde vor unserer Ferientour und Clara Westhoff und ich hatten gemeinschaftlich nur zwei Sous in der Tasche. So gütig griff das Schicksal ein.

An Rainer Maria Rilke

Worpswede, den 1. Dezember 1900

Ich bin bei Clara Westhoff gewesen. Nun bin ich nach Hause gekommen durch den feuchten Abend bei Birken vorbei, in der Ferne der schummernde Schatten des Kieferngebüsches. Und der Mond scheint auch wieder. Und wahrscheinlich kommt morgen Max Klinger. Und deshalb haben wir auf Martin Finckens Dach gesessen und Epheu geschnitten zu einem Kranz um die Türe, alten Epheu mit grünen Früchten und Epheu mit gelblichen Blütendolden. Dann saßen wir noch lange auf dem Strohdach neben dem Schornsteine, blickten unter uns auf die kleinen Saatenfelder und die kleinen Apfelbäume und wunderten uns wie die große Welt von oben so anders aussah.
– – – Und Klinger kommt morgen. – Vielleicht. –
Vor drei Jahren, da habe ich ihn einmal gesehen, in Leipzig. Ich war in seinem Atelier mit mehreren Tanten und einer eleganten

Cousine. Die Cousine konnte gut Conversation machen und hatte ein graues Kostüm an mit lila Schleifen und Hut und hatte eine schlanke Gestalt. Ich war meines Äußern nicht sehr sicher und innerlich damals sehr schüchtern. Ich ging hindurch zwischen all der Pracht und Herrlichkeit und öffnete meine Seele, weit, einen großen Menschen zu empfahn. Und ich fühlte mich ungeniert und allein unter diesen Schätzen, denn der Gedanke, daß ich etwas sagen könnte oder dürfte, der lag mir ferne. Ich machte meine eigenen Runden durch dieses Riesenatelier und erlebte innerlich. Nur als ich Klinger beim gehen die Hand gab, blickte ich ihn an, den Mann mit der braunen Joppe und dem roten Bart. Und mit diesem Blick hatte ich das Gefühl, als lege ich meinen ganzen Menschen in seine Hände. Er hätte mit mir damals machen können was er wollte. Und er blickte mit einem langen liebevollen Blick tief in mich hinein, so daß es drinnen zitterte. Und ich ging hinaus vorbei an dem Gigantenfries des Christus im Olymp, durch das Vorzimmer mit dem merkwürdigen Grün an den Wänden und dem Lila-Grau an der Decke und mit dem römischen Portrait. In dem Vorplatz, wo lauter weiße kleine Sternblumen an der Treppe entlang auf der Wand leuchteten, da mußte ich leise weinen. Ich war damals sehr kindlich, stand allen großen Ereignissen so ungefaßt gegenüber. Seitdem war mir Klinger mit jedem Tage ferner gerückt. Rodin war entstanden. Ich sah die Schwächen des andern. Und nun steht im Augenblick seine Persönlichkeit mit jenem allumfassenden Blick so lebhaft vor mir und ich fühle einen Menschen, der sehr strebt und sehr leidet. Ob er wohl kommt?
Und sonst? Ich habe einen großen Strauß herbstlicher, weißer Beeren vor mir auf dem Tisch, von jenen, die Knall sagen, wenn man auf sie tritt. Die schimmern im gelblichen Lampenlichte und ich streichle sie mit den Augen. Daneben liegt die Marie Grubbe, die habe ich mir eingebunden in alte Bänder mit

kleinen rosa Rosen darauf und den Deckel mit Watte gefüllt, daß er weich ist zu fühlen. Und daneben liegt Walther von der Vogelweide. Und drunter liegt der Grüne Heinrich. Kennen Sie den Grünen Heinrich? Er ist sehr lang und sehr zart. Und es steckt die Weisheit und die Liebe eines ganzen deutschen Lebens darin. Ich liebe ihn sehr. Er ist eins von ›meinen‹ Büchern.
Vor der Arbeit heute früh, als der Nebel die Erde noch
mit Dunkel verhüllte las ich ›Kennst Du Pan?‹ Wie schön. – –
Und nach Weihnachten oder besser nach Neujahr komme ich auf einige Monate nach Berlin und blicke mir viel Schönes an und lerne Einiges. Sind Sie dann noch da?
Schreiben Sie mir mal wohl etwas von *Ihnen*? mir ist, als hätte ich lange nichts gehört. Ihre Paula Becker

Ihr Segen war so sehr schön. Lassen Sie sich die Hand geben.

An Otto Modersohn

Berlin, Eisenacher Str. 61,
den 15. Januar 1901

Ich war heute im Museum und hörte die Englein im Himmel singen. Und es war schön, so daß ich gleich zu dir kommen muß, um Dir die Hand zu reichen und Dir den Schnabel zu bieten, um Dich zu küssen. Kunst ist doch das Allerschönste. Hier in Berlin mit den vielen Federhüten und den furchtbar lärmenden Elektrischen ist sie mir eine süße, liebe Mutter und ein Obdach in dieser Pein. Dann sitze ich ganz still in all diesem Lärm und krieche ganz in mich zusammen. Und in mir lächelt es und meine Seele weilt in seligen Gefilden. –
– Dein Rembrandt *ist* ein Mensch, ein Großer, ein Mächtiger, ein König. Ich kann ihn nicht überall annehmen. In vielen Stücken liegt er mir sehr fern und außerhalb mir, so die »Trö-

stung der Witwe«. Er hat auch eine Farbigkeit, in die ich mich erst hineinschauen mußte, eine, die mir auf den ersten Blick nicht sympathisch war. Aber dann hast Du recht: in dem hat es gezittert. Die kleine Skizze vom Engel bei Josef und Maria im Stalle von Bethlehem ist wunderbar. Das Licht auf den Flügeln des Engels und halb auf seinen Armen und seine Hände und die Maria mit einem blauen Tuche und einem merkwürdigen roten und der Kuhkopf. Das alles ist so rührend menschlich und so tief, tief empfunden. – O, diese Tiefe in unserem Herzen. Sie war mir lange mit Nebeln verhüllt und ich kannte und ahnte sie wenig. Und nun ist es mir als höbe jedes meiner inneren Erlebnisse diese Schleier und ich täte einen Blick hinein in diese süße, zitternde Schwärze, die alles das in sich birgt, was es wert macht, ein Leben zu leben. Ich fühle stark wie alles Bisherige, was ich von meiner eigenen Kunst erträumte, noch lange nicht verinnerlicht genug empfunden war. Es muß durch den ganzen Menschen gehen, durch jede Faser unseres Seins. – Ein Engelein, das besonders lieblich sang, war eine Böcklin-Photographie bei Keller & Reiner. Otto, die war wundervoll. Kennst Du sie? Drei Mädchen gehen durch den Abend am Wasser entlang. Die Vordere, Dunkle schreitet in dunkle Schleier gehüllt und hinten ist eine bezaubernde Blonde mit schwimmenden[!] Angesicht. Die müssen wir eigentlich haben, sie sind *so* wundervoll. Eigentlich mag ich Böcklin nur noch ganz, ganz leise für mich denken, denn ganz Berlin schwätzt laut davon. Daß doch die Leute alles in ihre Mäuler nehmen müssen, auch Veilchen und Rosen. –

– Den Velasquez sah ich heute zum Schluß. Er wirkte mir sehr verfeinert kühl, ich glaube doch ein wenig zu gemäßigte Atmosphäre für mich. Ein Haus mit Centralheizung paßt nicht mehr für mich. Auf der Deele soll es kalt sein und in der Stube warm und wer an den Ofen faßt, der soll sich brennen, und Leben ist überall. Nur keine Hoftemperatur, dann brauche ich auch hohe Absätze und seidene Strümpflein und frou-frou-Röcklein, und in die Unkosten will ich Deine Zukunft lieber nicht stürzen. Sehr liebe ich die alten Deutschen und ihre Beweinungen Christi. Dürer wirkte heute auf mich ein wenig zu wohlgenährt und zufrieden. Was hungernde, suchende Seelen sagten, dem höre ich gerne zu. – Wundervolle alte Holzschnitzereien sah ich und feine alte Relief-Portraits aus getöntem Wachs aus Karl V. Zeit. Ich sah überhaupt viel Schönes und lebe noch darin.

– Lieber, ich habe noch keinen Brief von Dir bekommen. Als ich mir aber heute all die Pracht beschaute und all die Herrlichkeit, da war mir es als hättest Du mir geschrieben oder ich mit Dir gesprochen, denn unsere Seelen würden in vielem zusammengeklungen und geläutet haben. –

– Den Sonntag bei Rilke war es schön. Als ich seine Stimme hörte, da war es mir wie ein Stück Worpswede, obgleich ich vorher durch dies Getöse der großen Stadt ein wenig verängstigt war. Er las mir den letzten Akt vom letzten Hauptmann. Mir lief es immer über den Rücken. Dadrin steckt so wunderbar Tiefstes. So das Leben aus dem Innersten geschaut. Ich sah auch ein Jugendbild Hauptmanns. Das war ganz wie sein »Hannele«. Wenn Milly mal wieder bei Euch ist, so laß Dir singen: »Und meine Seele spannte weit ihre Flügel aus.« So ist mir manchmal zumute, wenn ich fühle, wie viel Wonne auf diese Erde ausgeschüttet ist. –

– Und das Kochen? Bis jetzt habe ich mir nur Küchen angeschaut, bin aber noch nicht zum letzten Entschluß gekommen. Überall ist ein Haken dabei. Aber das kommt auch noch. –

Und nun laß Dir schnell noch Deinen roten Bart recht innig, recht bräutlich küssen, mein König.

In Liebe für und für Dein Mädchen

Und was macht das Eis? Und was die Bilder? Und grüße die andern auch schön.

An Otto Modersohn

Berlin, Eisenacher Str. 61
den 17. Januar 1901

Mein Liebster,
Das war schön als Du gestern unter Clara Westhoffs Flagge vor mir erschienst. Ich trug Dich den ganzen Tag mit mir herum und als ich des Sehens müde war, setzte ich mich in eine stille Ecke neben jene entzückende Dame des Verrocchio, die mit ihren schlanken Händen Blumen an der Brust birgt. Da las ich Dich noch einmal, nachdem ich viel Schönes gesehen hatte und sprach mit Dir. Ich bin bei Böcklin gewesen und habe ihn noch nie so schön gesehen. Erst jenes Frühlingsbild mit den drei Lebensaltern. Da ist so sehr viel Rührendes in Gras und Blumen. In der Ferne hauptsächlich rechts entzückende Silhouetten entlaubter Bäume. Das kleine Wässerlein so einfach und liebevoll

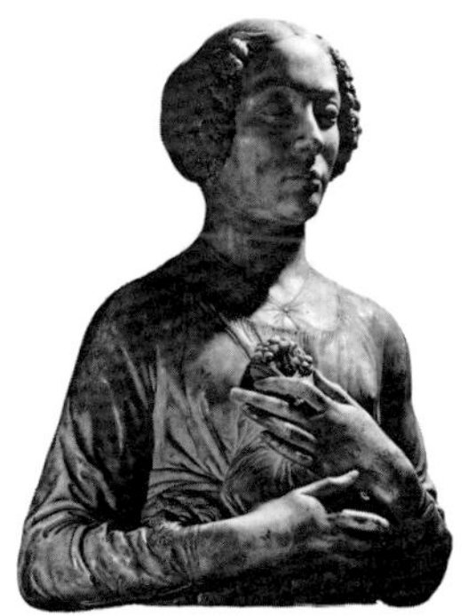

Andrea del Verrocchio, Frauenbüste, um 1480, Museo Nazionale, Florenz

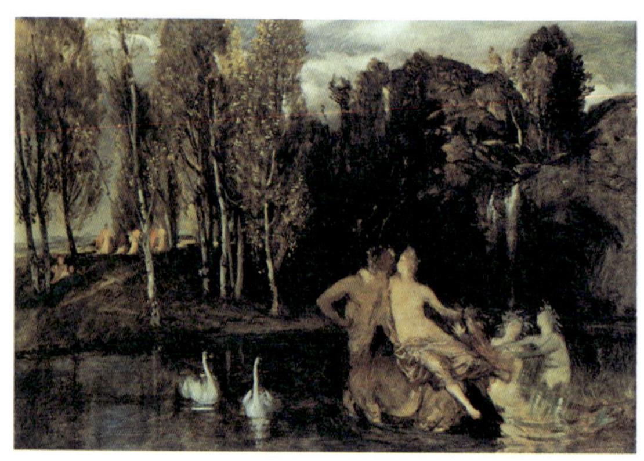

Arnold Böcklin, Gefilde der Seligen, 1878,
Staatliche Museen zu Berlin, Alte Nationalgalerie

und sehr reizvoll das silbrig hellblaue Mädchen vom Liebespaar, mit einem zarten Schleier auf dem Hut. Ich bin so froh, dies alles noch soviel stärker empfinden zu können als früher. Böcklin sprach in seinem Buch gegen ein Hervorherrschen des Blau. Mir scheint in diesem Bilde der Himmel zu blau. Ich glaube, er würde noch frühlingsseliger, sanfter auf mich wirken, wenn er abgetönter wäre. Im »Gefilde der Seligen« ist für mich links eine wunderbare Ecke. Ein Liebespaar, das aus güldenen Schalen Leben trinkt, so tief und farbig und groß und einfach ist da alles, auch der dunkle Rasen auf dem sie sitzen und das schweigende Wasser davor. Aber Dr. Meyer hat recht: die Bilder halten sich nicht gut, dies Bild und noch ein anderes, ich glaube die Pieta, hat viele Risse. In der »Schlafenden Nymphe und den Faunen« hab ich mich am einzelnen so sehr erfreut. Der große farbige Eindruck war für mich nicht so befriedigend. Die große braune Masse der Faunenkörper hätte vielleicht als Gegengewicht mehr Blau im Bilde erheischt. Ich habe mir das wenigstens als Grund gedacht, da es ziemlich unerfreulich auf mich wirkte.

Aber der silbrige Schleier über der Nymphe, der ist was. Wie der über dem Fleisch liegt und es darunter anschlagen läßt und wie seine Silbertupfen funkeln. Wunderbar ist auch der Epheu und die mit Flechten überzogenen Steine und der Krug, auf dem sie ruht. – Ja, Otto, im Leben ist viel, viel, viel Wunderbares. Da habe ich oftmals das Gefühl, als müßte man ganz still und fromm dazwischen sitzen und den Atem anhalten, auf daß es nicht entfleucht. – Lieber, es ist Abend geworden. Ich sitze ganz alleine hier oben auf der stillen Etage und mir kommen allerlei süße Gedanken. Da muß ich Dich noch einmal ganz leise umarmen, so recht mit der Seele. Vorhin hat Maid im dunklen Nebenzimmer so wundervoll Klavier gespielt. Dann ist auch sie weggegangen. Ich wünschte Du hörtest sie einmal. Es ist etwas ganz Weiches, ganz Zartes, sehr Trauriges, Schmerzvolles. Da gibt sie sich ganz, während im Wort ihre scheue Seele zurück hält. Nun muß auch ich weg, Lieber, weg von Dir und von mir, hinaus unter die Menschen. (Heute ist es Lilly Stammann, Hamburg, die hier an einen Berliner Bildhauer, früher Begasschüler, Bernewitz, verheiratet ist, beides gute Menschen, sie sogar rührend gut, und schlechte Musikanten.) Leb wohl, schlaf schön, mein Lieber. Bald kommt auch das Hemdlein. Habe auch heute Wilhelm gesehen: aber er – fror.

Freitag, [18. Januar 1901]

Arnold Böcklin ist nun nicht mehr. Lieber, das ist eine Nachricht, die mich sehr beschäftigt. Ich denke an ihn, den Großen. Das war ein schönes Sterben. Ich meine damit, er hatte noch so viel in sich. Er ist nicht einer von denen, der allmählig durch die Macht der Zeit ausgehöhlt wurde. Über die Familientragödie von seinem Sohne weiß ich wenig. Ich glaube sie war ihm viel Bitternis. Aber, daß einer mit dreiundsiebzig Jahren noch mächtige Bitternisse empfinden konnte, das ist mir dies Wundervolle. – Lieber, daß wir zusammen noch sein Buch lasen, noch vor seinem Tode. Mir ist es, als hätten wir ihm noch vor dem Scheiden die Hand gedrückt. Dieser Tod stimmt mich sehr ernst, beinahe fromm. Wenn der Baum im Herbst die Blätter fallen läßt, dann schaut man dem zu und segnet den Willen der Natur. Denn die Kraft stirbt nicht und im Frühling ersteht ein neuer grüner Zauber. Und der Geist, der Geist Böcklins, wo bleibt er wohl. Erscheint er uns wieder in Blumen und Bäumen. Vielleicht sehe ich ihn nächsten Frühling auf dem Weyerberge blühen. Wenn ich das bedenke, so vertausendfacht sich meine Liebe und Demut vor jedem Grashalm. Und ich hatte sie bisher schon so herzinnig lieb. Ich glaube aber ich werde frommer, vielleicht gerade in dieser unfrommen Stadt. Du weißt, Lieber, christlich meine ich damit nicht, denn Kirchen giebt es hier genug. Aber fromme Augen sehe ich so wenig. Nebenan begleitet Maidli Schumann-Lieder und ihr Bruder Günther singt dazu vom Nußbaum und einem Mägdlein, »das dächte die Nächte und Tage lang, wußte selber nicht was.« – In mir ist ein merkwürdiges, weiches, zitterndes, träumendes Lebensgefühl in diesen Tagen. Zwischen diesen großen, kalten, alten neuen Häusern sehe ich so wenig vom Himmel, aber ich weiß ihn und trage ihn in mir. Es sind Tage des sanften Säuselns.

Herzinnig und herzinniglichst,
Deine Herzallerliebste

An die Mutter

Worpswede, den 27. Juni 1902

Meine liebe Mutter,
[...] Daß Du bei Deinem letzten Besuche uns doch morgens um fünf Uhr durchgebrannt warst! Das war ganz gegen unsere Worpsweder Kur, deren Hauptfaktor Ausschlafen ist. Ich freue mich immer, daß Otto mit derselben tiefen Kindlichkeit schläft wie ich, hauptsächlich in dieser Sommerzeit, wo wir des Tags viel herummalern. Sogar nach dem Abendbrot stürzen wir uns noch selbander hinüber ins Armenhaus und malen Farbenstudien von der Kuh, der Ziege, der dreibeinigen Alten und all den Armenkindern, die für meine Gefühle die einzigen Individuen hier sind, die singen. Sonst hört man Singen nur von betrunkenen Leuten, so wenig liegt der Sang diesen schweren Schlagen.
Es ist hier heute sehr heiß, was Du wohl diesem Briefe abliest. Trotz alledem kommt mein Meister und holt mich zum Malen ab: Badende Jungens. Dafür ist es heute ein Wetter. [...]

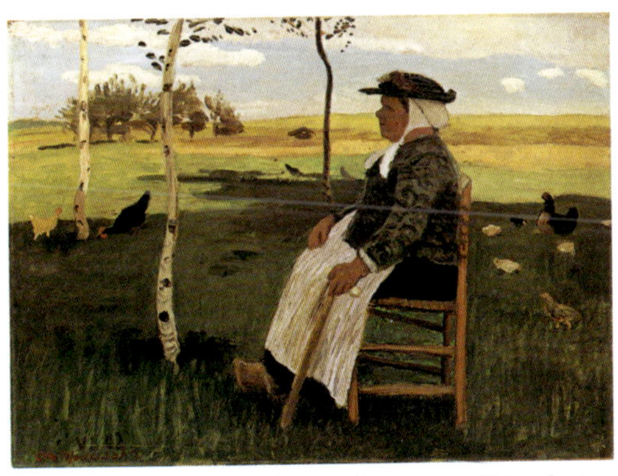

Otto Modersohn, Die alte Dreebeen, 1902, Privatbesitz

An die Mutter

6. Juli 1902

Meine liebe Mutter,

es ist Sonntagmorgen und ich habe mich in mein liebes Atelier geflüchtet und sitze nun ganz allein in meinem lieben Brünjes-Häuselein, dessen ganze Einwohnerschaft zur Kirche gegangen scheint, so daß ich mir eins der klapprigen Fenster erbrechen mußte, um dadurch meinen Einzug zu halten.

Meine Mutter, daß dieser Brief kein pünktlicher Sonntagsbrief geworden ist, das hat seinen guten Grund, nämlich die Arbeit, in der ich jetzt von Herzen stecke mit meinem ganzen Menschen. Es gibt Zeiten, wo dieses Anhängig- und Abhängigkeitsgefühl in einem schlummert, Zeiten, in denen man viel liest, oder Witzchen macht oder lebt, und dann auf einmal wird es wieder wach und wogt und braust in einem, als sollte das Gefäß schier zerspringen, so daß nichts Platz hat daneben.

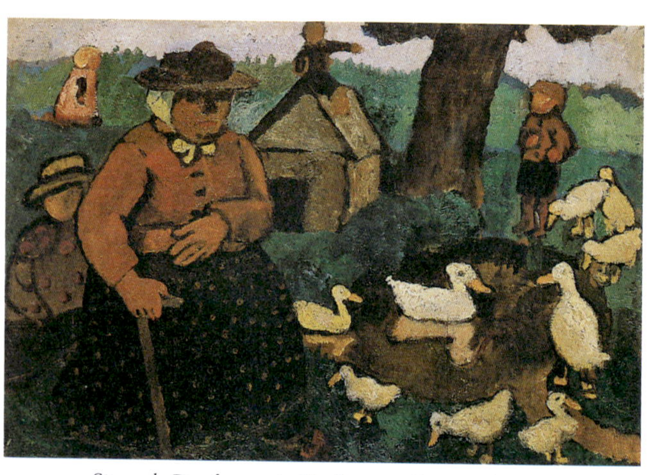

Sitzende Dreebeen mit Kindern am Ententeich, 1902, Saarland Museum, Saarbrücken

Meine Mutter. Es wird in mir Morgenröte und ich fühle den nahenden Tag. Ich werde etwas. Wenn ich das unserem Vater noch hätte zeigen können, daß mein Leben kein zweckloses Fischen im Trüben ist, wenn ich ihm noch hätte Rechenschaft ablegen können für das Stück seiner selbst, das er in mich gepflanzt hat! Ich fühle, daß nun bald die Zeit kommt, wo ich mich nicht zu schämen brauche und stille werden, sondern wo ich mit Stolz fühlen werde, daß ich Malerin bin.
Es ist eine Studie von Elsbeth, die ich gemacht habe. Sie steht in Brünjes Apfelgarten, irgendwo laufen ein paar Hühner und neben ihr steht die große blühende Staude eines Fingerhutes. Welterschütternd ist es natürlich nicht. Aber an dieser Arbeit ist meine Gestaltungskraft gewachsen, meine Ausbildungskraft. Ich fühle deutlich, wie nach dieser Arbeit noch manches andere Gute kommen wird, was ich im Winter noch nicht wußte. Und dies Fühlen und Wissen ist beseligend. Mein lieber Otto steht dabei, schüttelt den Kopf und sagt, ich wäre ein Teufelsmädel und dann haben wir beide uns von Herzen lieb und jeder spricht von der Kunst des anderen, dann aber wieder von der seinen. O, wenn ich erst etwas bin, dann fallen mir allerhand Steine vom Herzen. So mein Verhältnis Onkel Arthur gegenüber, daß ich ihm mutig in die Augen sehen kann und ihn nicht mit allerhand Verheißungen vertrösten muß, sondern daß er die Genugtuung hat, seine liebreiche Geldhilfe war eine gute Kapitalsanlage. Und allen anderen Menschen gegenüber, die meine Malerschaft mitleidig und zartfühlend behandelten wie einen kleinen, schnurrigen, verbissenen Spleen, den man eben bei meinem Menschen mit in Kauf nehmen muß. Du fühlst, der Kamm schwillt mir.
Und dann trage ich so oft die Worte in meinem Herzen, die Worte Salomons oder Davids: Schaffe in mir Gott ein reines Herz und gib mir einen neuen gewissen Geist, verwirf mich

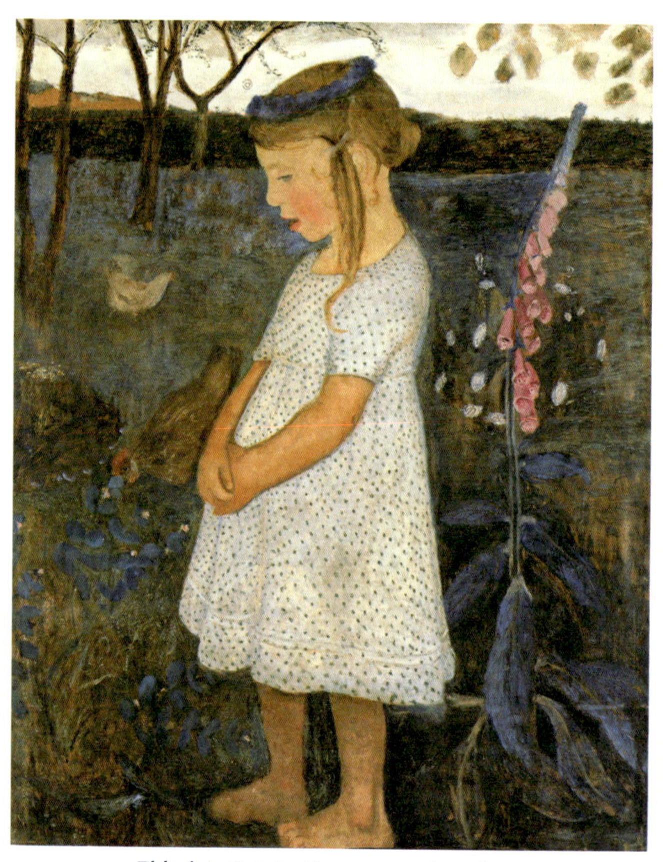

Elsbeth in Brünjes Garten, 1902, Privatbesitz

nicht von deinem Angesicht und nimm deinen heiligen Geist nicht von mir ... Ich weiß gar nicht, ob dieser Spruch identisch ist mit dem Gefühl, aus dem heraus ich ihn sage. Aber es ist merkwürdig, von Kindheit an bei einer Gelegenheit, wo Gefahr war, daß ich zu stolz auf irgend etwas wurde, habe ich mir diese Worte gesagt.
Und du? Wir haben uns beide gefreut an Deinen Briefen. Aber Liebe, nicht so viel aufbleiben bis nachts um ein Uhr! Du mußt diese Reise hauptsächlich nur vom Gesundheitsstadium ansehen für Dich und das Küken. Küsse mir Herma. Ich wünsche, daß sie in ihrem Leben noch einmal ähnliche Gefühle haben wird, wie ich heute. Der Weg ist aber lang und man muß eine Hoffnung haben im Herzen, die einen nicht ermüden macht. Meine Herma, suche Dir eine Hoffnung! Du bist ja von selbst eine kleine Kluge. Achte von selbst darauf, daß Du Dich nicht zu früh entwickelst und frühreif wirst. Eine langsam ausgereifte Frucht in Winden und Sonnen, das muß das Leben sein. Halte Dich von den vielen Büchern fern und vom Theater, sondern suche Dir einen Deinem Alter angemessenen Wirkungskreis. Setze es durch, daß Du auf ein Gymnasium kommst. Versuche nicht Stufen zu überspringen. Dem ist Deine Gesundheit nicht gewachsen. Das ist überhaupt gar nicht nötig im Leben. Einer, der einen weiten Weg vor sich hat, läuft nicht. Schaffe Dir nur ein stilles, schlichtes Milieu und denke an Sachen, die für Deine Jahre passen.
Ich küsse Euch beiden.

Eure Paula

An Otto Modersohn

Paris 29, Rue Cassette
den 18. Februar 1903

Lieber Otto, mein lieber Rother und König,
Heute schreibe ich schon Dir zu Deinem Geburtstage, doch ist er ja noch lange, lange nicht. Merkwürdig ist es, daß jetzt das Sprachrohr zwischen uns Beiden so endlos lang ist. Merkwürdig ist es überhaupt, daß ich nun bei Deinem Geburtstage nicht bei Dir sein werde, wie das allerallererste mal in Berlin. Merkwürdig ist es eigentlich auch, daß Du nicht bei meinem Geburtstag warst, denn das in Münster haben wir doch neulich Beide nicht für voll angesehen. Du hast mir ja nicht einmal einen Geburtstagskuß gegeben, wegen meines Schnupfen. Und trotzdem bin ich vielleicht mehr denn je bei Dir, denn ich bin mehr denn je in Dir, wohne in Dir und schlafe in Dir. Du bist mein lieber Schatten, in dem ich mich kühle und das kühle Wasser, in dem ich meine kleine runde Seele bade, von der ich das Gefühl habe, daß sie so aussieht wie mein Akt. Du bist mein lieber großer stiller Wald, in dem es leise rauscht und flüstert. Und wenn ich auch ein wenig hinaus gelaufen bin auf die Wiese, so komme ich bald wieder und setze mich still bei Dir nieder. Du bist mein lieber Geselle und ich gedenke in herzlicher, herzinniger Liebe Dein und küsse Dir die lieben Hände und die Stirn. Deine beiden Hände und die milde Stirne, aus denen kommen Deine Bilder, die sehen für mich aus wie Deine Bilder, aber der rote Bart und alles andere gehört auch dazu.
Weißt Du, ich denke hier auch viel mit an Deine Bilder. Sie müssen noch viel, viel merkwürdiger werden. Da muß ein Hauch und ein Ahnen und eine Merkwürdigkeit in ihnen sein, wie in der Natur, wie sie uns in Augenblicken erscheint, wenn unser Auge ungetrübt und klar in das seltsame Wesen der Din-

ge schaut. Ein Ausdruck von Dir ist: »Man hat so ein Gefühl, da geht es um«. Wenn Du nun ein Bild malst, ist es das erste, daß Du dies Gefühl in seiner ganzen Stärke zum Ausdruck bringst. Da mußt Du alle Mittel dazu am Schnürchen haben: die Technik, die Farbe, die große Form. Dies sind Deine Mittel, und der Zweck ist, deine Compositionen als Bilder entstehen zu lassen. – Die Franzosen haben doch eine entzückende Delikatesse und Feinfühligkeit im Ausdruck. Und dabei handhaben sie ihr Werkzeug mit solch großer liebevollen Sauberkeit. Merkwürdig, je mehr ich Rembrandt verstehen lerne, desto mehr fühle ich auch daß sie ihn verstanden haben. Ich freue mich, daß Du jetzt Sachen im kleinen Maßstabe vorhast. Und fange an zu glauben, daß man erst wahrhaft malen kann, wenn man auch im kleinen sich ausdrückt. Ist das Kleine nicht der viel schnellere, leichtere Ausfluß einer glücklichen Stunde. Ich denke an Millet, Rembrandt, Böcklin. –

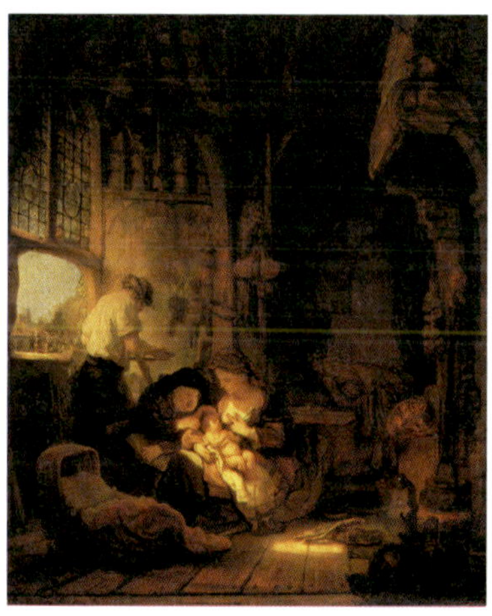

Rembrandt Harmensz van Rijn, Die Heilige Familie, 1640, Musée du Louvre, Paris

– Hier sind eine ganze Menge Rembrandts. Wenn sie auch gelb sind vor Firnis, so lerne ich trotzdem so viel von ihm. Das Krause in sich, das Leben. Hier ist ein kleines Ding, ich weiß nicht, ob es auch eine Frau Potiphar ist. Es ist ein Frauenakt im Bett. Aber wie der gemalt ist, und wie die Kissen gemalt sind in ihrer Form mit den Spitzeneinsätzen, das alles ist ganz entzückend. Dann die kleine heilige Familie mit dem reizenden offenen Fenster. Dann zwei kleine denkende Philosophen, die in irgendeinem gotischen Bau sitzen, wo ein wenig Sonnenlicht über die Fliesen huscht. Der barmherzige Samariter muß wundervoll gewesen sein. Er scheint mir sehr in der Farbe gelitten zu haben. –

Ich glaube doch, daß Paris bald wieder ein Kaiserreich wird –, das Volk ruiniert doch alles zu stark. Das Parkett im Louvre geht auch schon kaputt und im Saal antiker Bilder, der sehr ruhig und abgelegen ist, waren heute zehn Trunkenbolde schlimmster Güte und ich allein. Über die Antike ein andermal. – Ich erlebe viel, nicht wahr, Du Lieber?

Nun laß Dich innig küssen, mein lieber Neununddreißiger. Mit dem neuen Jahre Vierzig soll die große Kunst beginnen. Darauf trinke ich am Sonntag dreimal meinen Milch-Kakao. Küsse mir Elsbeth. Ich will sehen, daß ich ihr ein paar Schneeglöckchen mit Wurzeln sende. Gieb sie ihr in meinem Namen.

Möge die neue silberne Glaskugel uns und unseren Kindeskindern erhalten bleiben. Ich sende Dir hier eine Photographie von Cottet. Ich finde sie sehr schön und ernst. Schreibe mir darüber. Sag Elsbeth, ihr Brief sei wunderschön gewesen. Ich schreibe ihr bald selbst.

An Otto Modersohn

Paris, 29, Rue Cassette,
den 26. Februar 1903

Mein viellieber König,
Lieber, Du ließest mich lange warten. Seit dem dicken Brief mit den Postkarten ist es gerade eine Woche her. Die Raffaelistifte müssen *sehr* schön sein, wenn sie mich so in den Schatten stellen können. Aber wie freue ich mich für Dich, daß Du so im Schaffen bist. Sag mal, kommst Du noch? Dann mußt Du bald kommen. Für mich wäre es ja sehr schön, wir würden manches mit einander erleben können, was ich als Dame allein nicht so gut erleben kann. *Ich* will aber in Deinem Entschluß gar keine Rolle spielen. Das muß davon abhängen, wie es Dir in Deine Kunst und Deine Zeit hinein paßt.
Schönes giebt es ja hier die Überfülle. Auch möchte ich sehr, sehr gerne, daß Du die Kunst Rodins erlebtest. Er ist doch wohl der größte Lebende jetzt. In einer französischen Zeitschrift sind Kunstgespräche herausgekommen, die er mit ein paar jungen Mädchen führte. D. h. es sind mehr Kunstmonologe. Aber sie sind so einfach und lassen sich auf alle hohe Kunst anwenden; mir war es ein sehr großer Genuß, sie zu lesen und ich freue mich darauf, sie mit Dir durchzusprechen. Lieber, ich freue mich überhaupt so *sehr*, daß Du mich hierher gelassen hast und ich bin Dir so von ganzem Herzen dankbar und ich glaube, ich werde es mir in meinem späteren Leben nach gewissen Zeiträumen immer wieder wünschen. Aber nun zu allen Deinen Fragen.
Ich stehe also morgens gegen acht Uhr auf, öffne meine Fenster und schaue hinaus in meinen Garten, in dem die Nägelein schon große grüne Knospen haben und kucke mir das Wetter an. Darauf mache ich meinen Cacao. Das Brot wird mir vor die Thür gebracht und Milch habe ich mir abends vorher geholt.

Und dann beginnen meine Erlebnisse. Hauptsächlich das Louvre. Mittags esse ich dann bei einem Duval oder ich mache mir hier meine Spiegeleier, dann ruhe und lese ich, um dann um halbfünf durch den Luxembourggarten zum croquis zu pilgern. Im Garten wimmelt es dann von lauter kleinen Pariser Kindern, die sogenannte frische Luft schnappen sollen. Nach dem croquis mache ich mir wieder meinen Cacao zu Hause und verbringe den Abend sehr angenehm mit Schreiben und Lesen und Denken bei offenem Fenster mit dem Blick auf das ewige Lämplein des Carmeliterklosters, das hinter meinem Garten blinzt. Manchmal bin ich auch abends bei Rilkes. Aber auf Verkehr kommt es mir im Augenblick nicht an. In mir arbeiten so viele Eindrücke, es muß so manches durchdacht werden. Dabei wird mir die Zeit nicht lang. Dies sind meine Tage.
Heute hat mich Fräulein von Malachowski besucht und nicht getroffen. Ich werde mit ihr eine Tour nach Versailles verabreden, daß ich das wundervolle Schloß und den Park noch einmal wieder sehe. –
Das Luxembourgmuseum ist eröffnet worden. Es wurde gerei-

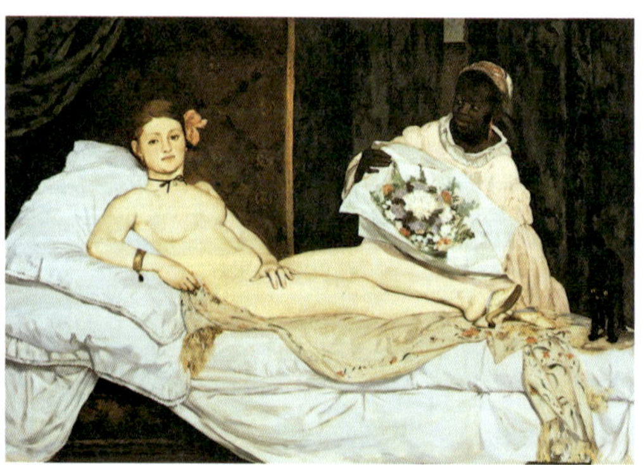

Édouard Manet, Olympia, 1863, Musée d'Orsay, Paris

nigt. Da gab es viel Schönes. Manet, der Akt mit der Negerin, die Scene auf der Terrasse (im Muther), Renoir, nicht so schöne wie unserer Zoloaga [Zuloaga], zwei schwarze Damen ein Herr und ein falbes Windspiel vor der Luft und dann ein Zwerg mit einer silbernen Kugel wie unsere im Arm, ganz fabelhaft in der Farbe. Das Schönste für mich war aber doch das Wiedersehen mit dem großen Cottet, dem Triptychon. Der rechte Flügel wo die Frauen und Kinder bange im Abend warten ist formlich und farbig von wunderbarer Größe. –
Dann Degas'sche Pastelle. Sehr interessant in seiner Form und sehr künstlerisch u. kapriziös in der Farbe. Weißt Du, ich muß Dir von allem mündlich erzählen, denn Schreiben läßt sich so etwas so schlecht. Oder kommst Du vielleicht doch. Und nun das leidige Geld. Ich bin zu Ende. Schickst Du mir wohl *bald*

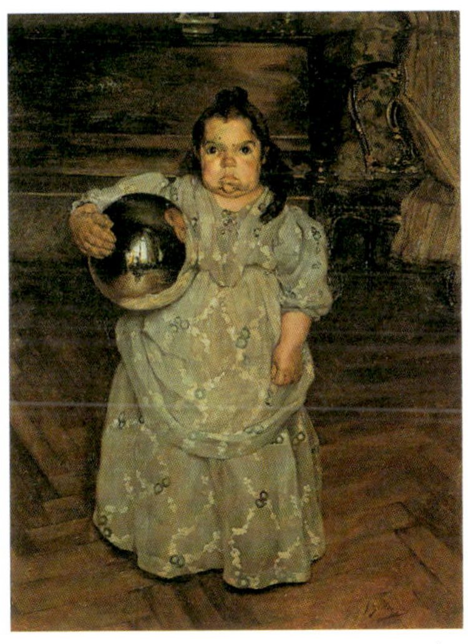

Ignacio Zuloaga, Die Zwergin Doña Mercédes, 1899, Musée d'Orsay, Paris

noch einmal hundertachtzig. Damit komme ich dann aus auch für mein Bahnbillet. Habe ich Dir nicht sehr viel geschrieben oder kommt es mir nur selbst so vor. Ich küsse Euch alle zärtlich und denke Eurer in Liebe. Weißt Du, daß ich Dich im Hintergrunde weiß, das macht mir meinen Aufenthalt so voller Ruhe.
Und Worpswede! Neulich sah ich im Louvre unsere Rousseausche Landschaft mit den Kühen. Da waren mir unbewußt die Tränen in die Augen gekommen vor stillem Glück, daß ich solch eine Heimat habe.
Der Schnupfen ist ganz weg und ich fühle mich sehr wohl.

Deine Paula

Die Farben von dem Cottet kenne ich nicht. Ich denke mir ihn schwärzlich. – Ich finde, Overbeck kommt in der Monographie am schlechtesten weg. – Bist Du wohl so gut und schickst Rilkes die »Mathilde«.

An Otto Modersohn

Paris, 29, Rue Cassette
den 2. März 1903

Mein lieber Gesponse,
Denke nur, nun bekomme ich immer mehr das Gefühl, Du müßtest auch herkommen. Es giebt dafür viele Gründe. Aber ich sage nur den Einen, Großen, Größten: Rodin. Den Eindruck dieses Mannes und seines ganzen Lebenswerkes, das er in Abgüssen um sich gesammelt hat den müßtest Du haben. Ich habe das Gefühl, daß wir etwas Ähnliches vielleicht in unserem Leben nicht erleben werden. Diese große Kunst, die sich mit unglaublicher Willensstärke ganz im Verborgenen und in der Stille [hielt], bis sie sich zur vollen Blüte entfaltete. Der

Eindruck Rodins ist ein sehr großer. Über das einzelne Werk kann ich wenig reden, denn dem muß man wohl viel öfter und in ganz verschiedenen Stimmungen nahe treten, um es ganz in sich aufzunehmen. Aber man hat so ein wunderbares Gefühl bei dieser Arbeit aller Welt zum Trotz, ob sie seine Wege billigt oder nicht, bei dieser felsenfesten Zuversicht, daß es Schönheit ist, die er der Welt bringen will. Nun erkennen ihn ja schon viele an, obgleich die meisten Franzosen ihn mit Boucher und Injalbert und wie die andern kleinen Lichter alle heißen, in einen Topf thun.

Aber ich will Dir alles chronologisch erzählen.

Mit einem kleinen Kärtlein Rilkes, der mich als »femme d'un peintre très distingué« empfahl trat ich am Sonnabend, seinem Empfangsnachmittag in sein Atelier ein. Es waren schon allerhand Leute da. Die Karte sah er sich gar nicht an, nickte mir

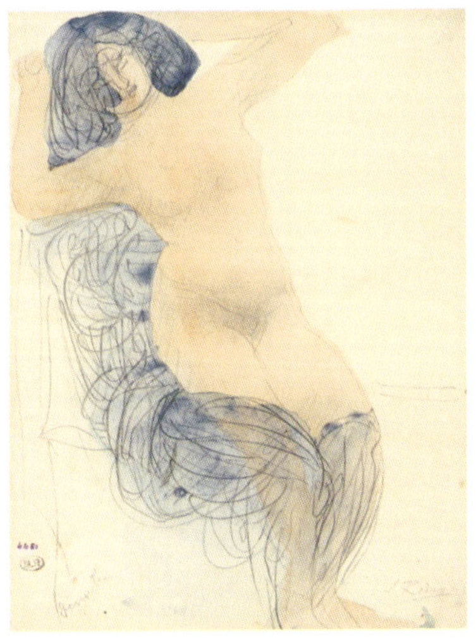

Auguste Rodin, Déméter, um 1900, Musée Rodin, Paris

nur zu und ließ mich ruhig zwischen seinen Marmorgebilden wandeln. Da ist viel, viel Wunderbares. Anderes ist mir nicht verständlich. Aber darüber wage ich so schnell nicht zu urteilen. Beim Weggehen fragte ich ihn, ob es möglich wäre, seinen Pavillon in Meudon zu besehen. Da stellte er mir den Sonntag zur Verfügung. Da durfte ich denn in dem Pavillon ungestört wandern. Aber ein Studium ist da beieinander und eine Anbetung der Natur, das ist schon schön. Er geht immer von der Natur aus. Auch seine Zeichnungen, Compositionen macht er vor der Natur. Die merkwürdigen Formenträume, die er auf das Papier wirft sind für mich die eigenartigste Erscheinung seiner Kunst. Er nimmt die allerkleinsten Mittel, er zeichnet mit Bleistift und tönt dann in merkwürdigen, leidenschaftlichen Wasserfarben. In diesen Blättern herrscht eine Leidenschaft und ein Genie und ein sich-nicht-Kümmern um die Konvention. Das, womit ich sie noch am ersten vergleichen kann sind jene altjapanischen Sachen, die ich in der ersten Woche meines Hierseins sah, vielleicht auch antike Fresken oder jene Figuren, die auf antiken Vasen sind. *Du müßtest sie sehen.* Es sind merkwürdige Anregungen in ihnen, auch gerade für einen Maler in ihrer Farbigkeit. Er zeigte sie mir selbst und war so freundlich und reizend zu mir. Ja, Merkwürdigkeit in der Kunst, die hat er. Und dabei diese Durchdrungenheit, daß alle Schönheit in der Natur sei. Er hat diese Compositionen früher aus dem Kopf gemacht. Aber er fand, daß man dabei noch zu konventionell wäre, nun macht er sie vor dem Modell wenn er frisch ist, zwanzig in anderthalb Stunden. Der Pavillon und zwei andere Ateliers liegen inmitten von sich merkwürdig überschneidenden mit stumpfem Gras bewachsenen Hügeln. Mit einem wunderbaren Blick auf die Seine und die Ortschaften daran und auf Paris mit seinen Kuppeln. Das Wohnhaus ist ganz klein und eng und man fühlt wie das Leben bei ihm gar keine Rolle spielt. »La travaille [!] c'est mon bonheur« sagte er.

Ich war mit Fräulein von Malachowski schon am Morgen nach Meudon gegangen, dort waren wir zusammen durchs Land gestreift und hatten gelben Huflattich gepflückt, von denen ich mir heute ein Kränzlein gebunden habe. Das mußt Du Herma erzählen, daß die hier schon blühen, unsere Gelben von der Ziegelei. Fräulein von Malachowski ist ein lieber, argloser, kluger Mensch gegen mein Erwarten. Sie ist erst zweiundzwanzig Jahre noch ein wenig unreif, auch künstlerisch, aber es sitzt so viel Lebensfreude dahinter. Die Gegend um Paris herum hat einen wunderbaren, zauberischen Reiz mit entzückenden Fern- und Durchblicken, die muß man auch kennen, wenn man die Leute verstehen will. Gerade als Contrast zu unserem Norden wirkt alles so sanft und hingebend. Ich habe Frl. v. M. gleich angepumpt, weil mein Geld zu Ende war.
Wie es Euch wohl geht und was Ihr treibt und was Du malst?
Ich küsse Dich innig mein lieber Rotbart und bin Dein

kleines Weib

Die letzten Tage stürmt und regnet es in Strömen, nur der Sonntag vormittag war sonnig und heiter.

An Otto Modersohn

Paris, 29, Rue Cassette
den 12. März 1903

Mein lieber Rother-Rex,
Eben kam Dein lieber Brief mit dem großen *Paris* an. Deine Briefe kommen immer erst abends nach neun Uhr zu mir. Dann habe ich genug Zeit, mich den Tag über manchmal zu

fragen, ob ich heute Abend wohl einen bekomme oder nicht. Mein lieber Kerl, ich bin dies mal mit den Liebesbriefen hinter Dir zurück geblieben. Aber weißt Du Kopf und Herz sind in so riesiger Arbeit um dies Tausendfältige in so kurzer Zeit in sich aufzunehmen. Aber weißt Du, ich habe viel, viel zu erzählen, auch von David, Delacroix, Ingres und Consorten, einem gewissen Chardin und vielen, vielen. Überhaupt bekomme ich eine Achtung vor diesem Volke und fange an zu glauben, daß das Urteil über sie, was bei uns das landläufige ist, einigermaßen schief ist. Oberflächlich ist schließlich bei uns auch das Gros der Bevölkerung, nur äußert es sich auf eine andere Weise. Aber oberflächlich in ihrem Studium sind sie nicht, das ist ganz gewiß. – Weißt Du, wenn wir uns bei unserm Wiedersehn erst mal ordentlich satt geküßt haben, dann können wir uns zehn Tage und zehn Nächte in einem Zuge unterhalten. Du kannst Dir denken, ich bin zum explodieren voll. Aber ich will lieber unsere Gesundheit schonen. Auch freue ich mich auf mein Bettchen recht von Herzen, obgleich mein Mahagonibettchen hier auch nicht schlecht ist. –

Hier ist jetzt Vollmond, silbern und blau über der Stadt. Wie er jetzt wohl auch in unser kleines Gärtlein strahlt, und wenn Du heute Abend das Schlafstubenfenster zumachst, dann freust Du Dich über die Farbe von Dreyers Stall und Scheune. –

– Ich habe mir Radierungen von Goya angesehen. Du kennst sie wahrscheinlich auch. Wie sind die groß in der Komposition und merkwürdig im Raum und in der Stimmung. Im Louvre sind drei Bilder von ihm, die kleine pikante Dame in Schwarz vor der Landschaft, eine Dame, Kniestück, mit sehr rosa Hautfarbe, vielleicht geschminkt, in seidigem, feinfühligen grauen Kleid. 3. ein Herr in Uniform, der mir nicht so gefällt. Zuloaga fußt doch sehr auf ihm und Velasquez. Über Zuloaga ist mein Urteil noch bestimmter geworden durch das Vergleichen seiner

Bilder mit dem großen Cottet-Triptychon. Dieses Merkwürdige, was da in den Seitenflügeln steckt, das wird Zuloaga nie haben; bei ihm habe ich das Gefühl, man sieht bei ihm alle Schönheit gleich auf den ersten Blick, wogegen Cottet sich mir in seinem Bild immer tiefer und tiefer erschließt. Diese Discretion der Farbe. Erinnerst Du den linken Seitenflügel, die Männer? Blau und Braun. Blau das Meer. Braun die Männer im Boot. Aber was für Brauns. Diese reichen Nuancierungen. Außerdem ist er mehr in Stimmung getaucht als der andere. – Fräulein von Malachowski ist ein lieber Kerl, aber doch hauptsächlich für Sonntagsausflüge. In der Woche bin ich wirklich eigentlich ganz allein, wenigstens die letzte, wo Rilkes und ich uns gegenseitig verfehlt hatten. Mir ist es aber lieb so. Ich habe so viel zu tun mit meinen Gedanken. Dann habe ich ein wunderbares Buch von Victor Hugo gelesen, von dem ich Dir auch erzählen werde. Das ist auch ein großer gewesen. Auch interessiert es mich, ein wenig mehr in die Sprache und Litteratur einzudringen. Ein Gegenstück zu Rodin, der nach Italien reiste mit dem Vorsatze kein Wort italienisch zu sprechen. So stieg er in die Pferdebahn. Wenn dann die Leute ihn anredeten, so daß er sprechen mußte, so stieg er wieder aus. Wenn alles glatt ging, blieb er sitzen. – Mein Kloster hat zehn Uhr geschlagen, Lieber. Und Du kennst ja meine Gewissenhaftigkeit im Zu-Bettegehn. Gute Nacht, Guter. Du liegst vielleicht schon als Plakat in Deinem schneeweißen Bettchen denn Eure Uhr ist eine Stunde später als hier. Schläfst Du noch unterm großen Federbett. Wirf es raus, es wird ja Frühling. Ich habe mir heute gedacht, daß wenn ich nach Hause komme, Dir die Haare waschen will. Wie sie dann wohl aussehen! Schicke mir doch Vogelers Brief und schicke doch Rilke die »Mathilde«. Ihr gebt ja große Gelage in meiner Abwesenheit. Häring mit Sahnesauce habe ich noch nie an meinem Tisch gegessen. Ein Glück, alter Kerl, daß

Ihr gut auskommt. Aber weißt Du, wenn ich wiederkomme, dann schmeißt Du sie alle zum Hause raus, dann wollen wir erst mal allein sein. Sie können ja dann den Sonntag kommen. Aber besänftige vorher Milly. Das ist sonst so langweilig. Ich küsse Dich zärtlich und lasse mich küssen und küsse Dich wieder. Und wenn meine Liebe jetzt auch nicht so auf dem Papier geschrieben steht, so sollst Du's schon merken, wenn ich wieder heimkomme.

Dein kleines Weib

An Otto Modersohn

Paris, 65, Rue Madame
den 23. Februar 1905

Mein lieber König,
Eben habe ich mein Abendbrot gegessen, hab' all meine Töpfchen und Schüsselchen wieder weggeräumt und sitze nun von Blumen umgeben bei einem naiven Lampenschirm am Kaminfeuer. Das klingt schon anders als mein erster Brief, nicht wahr? Es ist auch anders.
Ich habe das kleine Gefängnis in der Rue Cassette verlassen und sitze jetzt mit Luft und Licht und Raum im fünften Stock der Rue Madame und bin in Bälde damit fertig, mich zu akklimatisieren. Ich erlebe schon viel Nettes und sehe viel Schönes und merke, daß ich in Paris bin. Eins muß ich Dir erzählen, was Dich und die Familie sehr ergötzen wird. Mein petit chapeau gris ist hier durchgefallen. Paris, das soviel ertragen kann und muß, konnte das Hütlein nicht ertragen. Jeder kuckte mich an oder lachte, sogar die vorbeifahrenden Droschkenkutscher riefen mir Witze nach. Es war gerade zwischen zwölf und ein Uhr mittags, wo die kleinen Ladenmädchen und Lehrjungs in Klumpen auf der Straße stehen, da wurde ich von ihren Lach-

salven verfolgt. Bei Durand-Ruel flüsterte der Portier einem anderen zu: »c'est une anarchiste«. Schließlich flüchtete ich in das Innere eines Omnibusses, wo mich doch nur eine beschränkte Anzahl Augen wahrnehmen konnte, fuhr nach dem Bon-marché und erstand mir eine Kopfbedeckung, die nun geduldet wird, die ich aber natürlich nicht leiden kann. Und ich war so stolz auf meinen petit chapeau gris und nun zwingt mich die böse Welt, ihn kalt zu stellen.
Sie sind hier überhaupt kolossal mokant. Auch im Atelier die Mädels, die werfen sich immer Blicke zu und kichern wie die Kinder. Dies Volk hat überhaupt etwas durch und durch Kindliches. Sie zanken sich gern, sind aber gleich wieder gut miteinander, können rabbeln wie Elsbeth, daß der Mund nicht stille steht, haben für das naive und Gemütliche Geschmack u.s.w. Dann haben sie auch etwas helfendes vom barmherzigen Samariter. So polterte mir heute auf der Straße mein Malkasten auseinander alle Farben nach einer anderen Richtung. Da half mir eine Dame mit aufsammeln, obgleich es schneite und schmutzig war, was gewiß nicht angenehm war. Das würden hier aber viele thun.
Im Atelier ist es komisch, lauter Französinnen, die sehr amüsant sind. Ich habe nur noch große Angst vor ihnen, weil sie so leicht lachen. Sie malen aber wie vor hundert Jahren, als ob sie die Malerei von Courbet an nicht miterlebt hätten. Die meisten kennen auch nichts davon; sie gehen nur in die Ausstellungen für den prix de Rome, und das wird wohl in etwas besserer Qualität derselbe Dreck sein. Eine Leinwand habe ich aber hier gefunden, die glaube ich meine Leibleinewand wird. Meine Malerei sehen sie sehr mißtrauisch an und in der Pause, wenn ich den Platz vor meiner Staffelei verlassen habe, dann stehen sie mit Sechsen davor und debattieren darüber. Eine Russin fragte mich, ob ich denn das auch wirklich so sähe, wie ich

das mach, und wer mir das beigebracht hätte. Da log ich und sagte stolz: »Mon mari«. Darauf ging ihr ein Talglicht auf und sie sagte erleuchtet: »Ach so, Sie malen wie Ihr Mann malt.« Daß man so malt wie man selber, das vermuten sie nicht. Ich freue mich aber doch sehr, daß ich die Morgenstunden so gut angebracht habe und das malen auf dieser bis jetzt so schön gefundenen Leinwand macht mir tüchtig Spaß. Gestern zur Feier Deines Geburtstages habe ich hier auf meinem Zimmer auch ein Stilleben gemalt: Apfelsinen und Citronen, die sehr lockten. Abends waren Herma und ich in einem Concert. Das Schönste war die Ouvertüre zur »Zauberflöte«. Über Deinen Überbrettlbrief haben wir sehr gelacht, auch über Linas Sprünge. Haltet nur weiter die Zügel stramm, laßt nie die Schlüssel liegen und nagele doch das Fenster zur Küche zu, damit sie nicht jedes Eurer Gespräche hört. Ich wollte es thun, hab es aber vergessen. Dann schreibst Du »Über Einiges später«, was Du lieber nicht hättest thun sollen, weil ich mir nun den Kopf zerbreche, was das wohl sein könnte, ob ich etwas falsch gemacht habe u.s.w. Habt Ihr meine zwei Postkarten von der Reise bekommen. Ich frage, weil ich sie nicht selbst eingesteckt habe. – Laß doch von Marnken kleine zierliche Nistkästen machen, in der Größe, wie sie bei Postbote Welbrock hängen. Sag Elsbeth für sie gäbe es hier lauter kleine reizende Mädchen mit Locken und niedlich anzusehen. Und was macht Mutter? Heizt Lina ihr das kleine Zimmer?

Und nun bin ich von ganzem Herzen Dein und denke an Deinen Rotbart in dieser großen Stadt und freue mich doch, daß ich ein bischen fern von Dir bin, weil es dann um so schöner wird. Mit all ihrer Liebe küßt Dich

Deine kleine Frau.

Als ich kam war hier Frühling, nun ist Tauwetter mit Schnee.

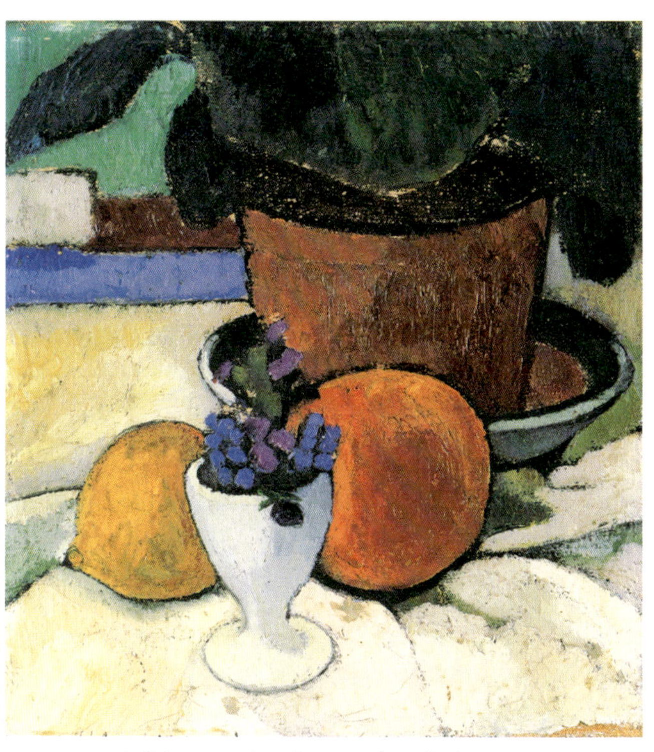

Stilleben mit Blattpflanze und Eierbecher, 1905,
Privatbesitz

An Herma Becker

Worpswede, den 8. November 1905

Meine liebe Herma,

Also in Deinem Kloster geht es Dir gut und Du hast allerhand zu tun und hast trotzdem Zeit Dir die schöne Welt zu besehen. Ich freue mich sehr für Dich, Du hast ein reiches Leben. Wenn es irgend etwas giebt, womit ich Deinen kleinen Hausstand ergänzen kann, schreibe es mir bitte. Gestern abend war Clara Rilke hier, und hat von Paris, Rodin und Dir erzählt. Und ich werde manchmal etwas sehnsüchtig, wenn ich höre, wie es draußen in der großen Welt aussieht und ist es mir auf die Dauer ein wenig zu still und ohne Erlebnisse. Es ist gut, daß die kratzbürstige Zeit, die Du im Sommer zwischen Otto und mir erlebt hast, vorbei ist. Ich weiß selbst nicht wie sie kam und wie sie ging. Wir sind uns jetzt sehr einander gut. Nur habe ich im tiefsten Untergrunde eine große Sehnsucht nach der Welt, hauptsächlich die langen Abende, während er bei einem Pfeifchen in einer Sofaecke sehr gemütlich aufgehoben ist. –

– Vor einiger Zeit machten Otto, Vogeler und ich einen dreitägigen Abstecher durch Westfalen. Soest und Münster wurden besichtigt und Vogeler gezeigt, der wieder seine beste Reisestimmung hatte. Der kleine Frieg, der sein hübsches Haupthaar ratzekahl hatte abscheren lassen, um sich zu verschönern und dessen Hut sich nun auf die Ohren stützte, der kleine Frieg zeigt[e] uns Soest. Er zeigte uns auch seine Malerei bei der wir aber etwas still blieben. Das Schönste war für mich in Hagen das Museum eines Herrn Osthaus. Der hat die neuste Kunst um sich versammelt: Rodin, Minne, Maillol, und Meunier, Gauguin, van Gogh, einen alten Trübner, einen alten Renoir und viel anderes Schönes. Das Ehepaar Osthaus selbst mit ihren vier blonden Kindern wirkte auf mich wunderschön. Er, eine auffallend große Erscheinung zwischen dreißig und vierzig

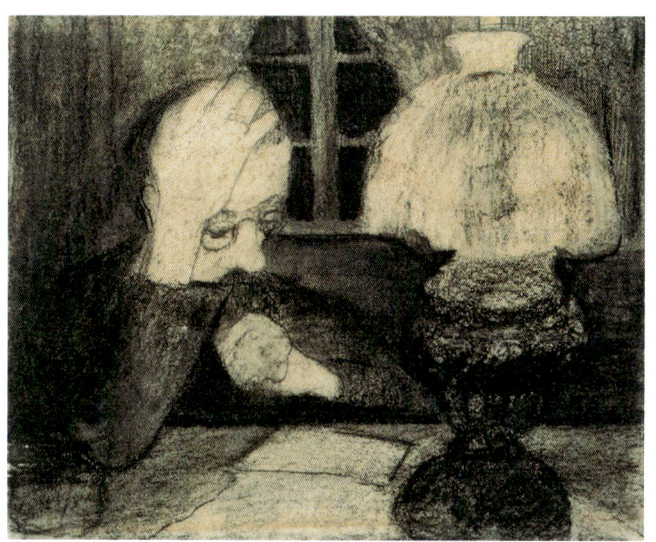

Otto Modersohn bei der Lampe lesend, Winter 1903/04, Paula Modersohn-Becker-Stiftung, Bremen

mit merkwürdig suchenden Augen. Sie ist eine blonde Lichtgestalt anmutig und hell. Sie kam uns mit ihrem nackenden zweijährigen Kinde entgegen und war wie ein Bild. Das sind Menschen, wie ich sie wohl öfters sehen möchte. – Hier fängt die Gesellschaft an ihre Dispositionen für den Winter zu treffen. Da ist fürs erste ein Kegelabend im entstehen: Franz und Heinrich Vogeler mit ihren Frauen, Mackensen, Modersohns, und ein neues nicht zu berühmtes Malerpaar Hartmann. Frau Philine entpuppt sich beim nähern Sehen als sehr nett und reizend. Namentlich hat Otto seinen Spaß an ihr. Ich mag sie auch sehr gern, doch vermisse ich im ganzen hier eine Frau, mit der ich von meinen Interessen sprechen kann. – Neulich waren Otto und ich einen Tag in Hamburg, eine Ausstellung van

Gogh'scher Werke zu besehen. Die Bilder waren leider nicht mehr vorhanden. Ebenfalls verunglückte unser Besuch bei Warburgs, die gerade den Abend vorher nach Italien abgereist waren. Hamburg als Stadt machte uns aber viele Freude. Die Hafengegend mit ihren vielen Masten wirkt ganz großartig. Nur machen die sogenannten Gebildeten einen kolossal materiellen Eindruck, sodaß man empfindet, wie diese Stadt bei ihrer Größe und ihrem Reichtum doch kein Geistesleben hat. – Der Besuch Rilke – Rodin steht Dir nun noch bevor. Freue Dich. Dieser Akt aus dem Salon von dem Du schriebst ist von Maillol, einem Bildhauer, den ich im Frühling zuerst sah und sehr liebte. Die Figur ist für das Museum in Hagen bestimmt. Um meine Phantasie zu brauchen mache ich schon allerhand Luftreisen. Eine Schlittschuhtur [!] nach Holland und eine Reise nach Paris über die Normandie, St. Michel wo ich mit Dir zusammentreffe über Chartres mit seiner schönen Gothik nach Paris. Ich grüße Dich zärtlich und wünsche Dir, daß Du was wirst, und mir, daß ich auch was werde. Du merkst dem Briefe wohl an, daß ich etwas kleinlauter Stimmung bin. Ich habe meinen Winterschlaf angetreten.

In Liebe Deine Schwester Paula

Natürlich sendest Du meine Briefe nicht umher.

An die Mutter

Worpswede, den 26. November 1905

Meine liebe Mutter,
die paar hellen Tagesstunden, die jetzt nur noch uns scheinen, sind vorüber, ich habe mein kleines Aktmodell weggeschickt und mein Lämpchen angesteckt mit dem Vornehmen und dem Vorsatz, meine Schreib-»Idiosynkrasie« zu überwinden. Dein großer, langer Grauer und Dein zweiter Grauer hatten in mir auch den Willen zur Tat geweckt [...]

Des Morgens male ich jetzt Clara Rilke im weißen Kleid, Kopf und ein Stück Hand und eine rote Rose. Sie sieht sehr schön so aus und ich hoffe, daß ich ein wenig von ihr hineinbekomme. Neben uns spielt dann ihr kleines Mädchen, Ruth, ein kleines, molliges Menschenkind. Ich freue mich, auf diese Weise mit Clara Rilke öfter zusammenzukommen. Sie ist mir trotz allem von allen noch die liebste. Sie hat drei bis vier Wochen ganz dicht neben Rodin gewohnt und ist noch sehr unter dem Eindruck dieser Persönlichkeit und seiner einfach großen Aussprüche. Rilke, als Rodins Sekretär, bekommt da nach und nach Europas Intelligenz zu sehen.

Otto malt, malt, malt. Wir haben auch so viel verdient, daß wir vielleicht nach Weihnachten mit einem kleinen Haken nach Schreiberhau zu Euch reisen können. Das wäre sehr hübsch. Im ganzen habe ich wieder meinen Winterschlaf angetreten mit allerhand Sehnsuchtsgefühlen, vielleicht auch deshalb meine Schreibunlust. Im stillen plane ich wieder einen kleinen Ausflug nach Paris, wofür ich mir schon fünfzig Mark gespart habe. Dagegen fühlt Otto sich urgemütlich. Er braucht das Leben nur als ein Ausruhen von seiner Kunst und kommt immer auf seine Rechnung. Ich habe von Zeit zu Zeit den starken Wunsch, noch etwas zu erleben. Daß man, wenn man heiratet, so furchtbar festsitzt, ist etwas schwer ...

An die Mutter

Worpswede, den 19. Januar 1906

Meine liebe Mutter.

Frau Rassow ist gestorben. Es hat mich sehr ergriffen, das Ende dieser großangelegten Frau. Langsam, langsam und allmählich der Lebensenergie entzogen zu werden, die sie in so hohem Maße besaß. Sie war noch ein Baum, bereitet, Früchte zu tragen. Und dieser Sturz!

Wuchernde, kalbsköpfige, plattfüßige Existenzen bleiben bestehen.

Wie kann man das Leben verstehen, wenn man es nicht auffaßte als das Arbeiten jedes einzelnen am Geiste, man kann wohl sagen, am heiligen Geiste. Der eine tut es mit mehr, der andere mit weniger Inbrunst. Aber ein jeder, auch der Kleinste, gibt sein Scherflein dazu.

Die Gabe und Arbeit, die Frau Rassow brachte, war durch Energie und manchen Kampf hervorgebracht. Sie hat stark am Geiste gearbeitet mit Bewußtsein und Willen. Es strahlte von dieser Frau eine starke geschulte Selbstzucht aus, die ich sehr hoch schätze. Für mich war Frau Rassow die Frau in Bremen, vor der ich die größte Hochachtung hatte.

Ich vermute, ich hätte es ihr einmal gesagt. Vielleicht hätte ich es gekonnt, wenn sie noch länger gelebt hätte, denn ich fühle, daß jetzt manche Scheidewände, die Worpswede zwischen mir und der Welt aufrichtete, fallen.

Eine große Scheidewand war immer unser angestrebt bäuerliches Leben, das, wenn es mit städtischem Leben in Berührung kam, an den oberflächlichen Verschiedenheiten sich stieß.

Auch wünschte ich, Frau Rassow hätte noch erlebt, daß ich etwas würde. Auf diese Weise hätte ich mich ihr am schlichtesten dargelegt.

Denn ich werde noch etwas. Wie groß oder wie klein, das kann

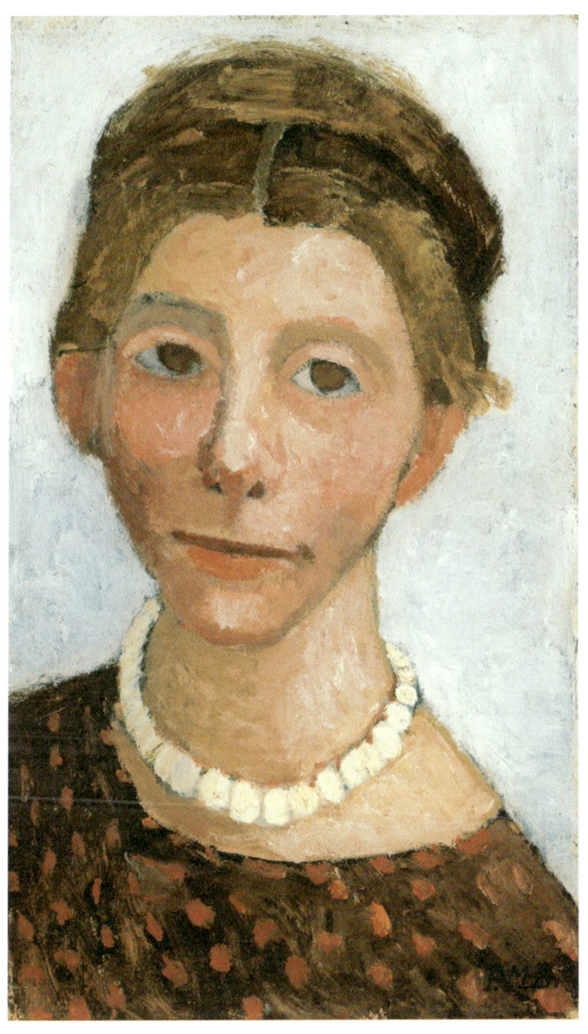

Selbstbildnis mit weißer Perlenkette, 1906, Westfälisches Landesmuseum für Kunst und Kulturgeschichte Münster

ich selbst nicht sagen, aber es wird etwas in sich Geschlossenes. Dieses unentwegte Brausen dem Ziele zu, das ist das Schönste im Leben. Dem kommt nichts anderes gleich.
Daß ich für mich brause, immer, immerzu, nur manchmal ausruhend, um wieder dem Ziele nachzubrausen, das bitte ich Dich zu bedenken, wenn ich manchmal liebearm erscheine. Es ist ein Konzentrieren meiner Kräfte auf das Eine. Ich weiß nicht, ob man das noch Egoismus nennen darf. Jedenfalls ist es der adeligste.
Ich lege meinen Kopf in Deinen Schoß, aus welchem ich hervorgegangen bin, und danke Dir für mein Leben.

Dein Kind

An Otto Modersohn

Paris 29, Rue Cassette
2. März 1906

Lieber Otto,
ich danke Dir vielmals für Deinen lieben, langen Brief. Antworten kann ich darauf jetzt nicht, und will es nicht, denn es würde dieselbe Antwort sein, die ich Dir in Worpswede gegeben habe. Du schreibst mir ja auch Dinge, die Du mir schon alle mündlich gesagt hast. Laß uns diese Sache bitte im Augenblick gar nicht berühren und eine Zeit ruhig vergehen lassen. Die Antwort, die sich dann finden wird, wird die richtige sein. Ich danke Dir für alle Deine Liebe. Daß ich nicht nachgebe, ist nicht Grausamkeit und Härte. Es ist für mich selber hart. Ich thue es nur mit dem festen Gedanken, daß ich nach einem halben Jahre Dich wieder quälen würde, wenn ich mich jetzt nicht genug prüfen würde. Versuche Dich an die Möglichkeit des Gedankens zu gewöhnen, daß unsere Leben auseinandergehen können.

Nun wollen wir längere Zeit nicht wieder darüber sprechen. Es hat keinen Zweck.
– Mir geht es natürlich nicht sehr gut. Ich war durch die inneren Aufregungen ziemlich herunter, als ich herkam, bin jetzt noch nicht in der Arbeit und in der rechten Wohnung. Morgen werde ich umziehen, 14, Avenue du Maine.
Ich habe hier bei Durand-Ruel eine schöne Manet-Ausstellung gesehn. Besonders gefiel mir der Mann mit der Gitarre, den wir irgendwo abgebildet haben und ein Kaninchen-Stilleben. Dann gab es noch einen Saal Odilon Redon, für den ich mich aber nicht begeistern kann. Mir scheint, viel Geschmack und Caprize aber die Grundlage zu schwach. Er hat viel Blumenstücke, meist in Pastellfarben, ausgestellt. Die Farben haben eine große Leuchtkraft. –
Lieber Otto, würdest Du so freundlich sein, und so bald als möglich zu Hermann Brünjes gehen. Ich wollte gern in die »Ecole des Beaux Arts« eintreten, muß aber Zeichnungen vorzeigen. Bist Du so gut und suchst sechs von den besten Pariser Aktzeichnungen aus und vielleicht drei Zeichnungen bei Mackensen. Sie liegen in der großen roten Mappe, die am Fenster hängt. Willst Du sie mir, wohl auf einer Rolle (vielleicht als Muster ohne Wert) umgehend senden. Ich danke Dir vielmals.
Fängst Du wieder an zu arbeiten. Thue es nur bitte.
Ich grüße Dich herzlich und Elsbeth und Johanne.

Deine Paula

An Otto Modersohn

Paris, 19, Avenue du Maine
den 25. April 1906

Lieber Otto,

Jetzt will ich Dir von unserer Bretagner Reise erzählen, die ganz über Erwarten schön ausgefallen ist. Ich danke Dir vielmals für den schönen Gedanken. Ich wollte ja zuerst gar nicht mit, weil ich es eigentlich für überflüssig hielt, that es schließlich nur, um Herma die Freude nicht zu verderben. Wir beide sind sehr frisch und erfrischt und braun gebrannt nach Paris zurückgekehrt und ich habe schöne Gefühle und Gedanken über die Kunst, die ich von mir noch erhoffe. Dieses Frankreich ist ein Gottgesegnetes Land. Man fährt nach St. Malo durch fruchtbare Obstgegenden, Apfelgärten, durch Mannshohe dunkelgelbe Ginsterhecken eingefaßt, eine Art, wie wir sie bei uns gar nicht kennen. Dazu stehen wunderschön die großen lichtgelben Primeln die allenthalben sprießen. Man fährt in den Vorort von St. Malo ein und ist einigermaßen enttäuscht zwanzig Minuten zwischen Schuppen und Plakaten in eine sehr kleine, sehr stinkige, hochhäuserige langweilige Stadt zu gelangen. Wenn Du aber aus Versehen aus der Stadt heraustrittst auf die schmalen Wallmauern, so liegt das große Meer zu Deinen Füßen mit seinen Felsenklippen und Felseninseln, auf denen überall sehr schönlinige alte Forts sind. Das gibt grandiose Silhouetten. Wir lebten auch den ganzen Tag auf den Wällen oder auf kleinen Felseninseln und kletterten dort auf den Klippen herum und lachten in den Gischt der Wellen hinein. Andere Tage machten wir schöne Touren. Herma ist ausgezeichnet, mit Umsicht und Übersicht macht sie Pläne, die ich dann nur zu beschneiden brauchte, weil sie manchmal über unsere Kräfte gingen. Hast Du eine Vorstellung von dem milden Klima von Jersey und Guernsey? So ähnlich ist auch die Gegend um St. Malo herum,

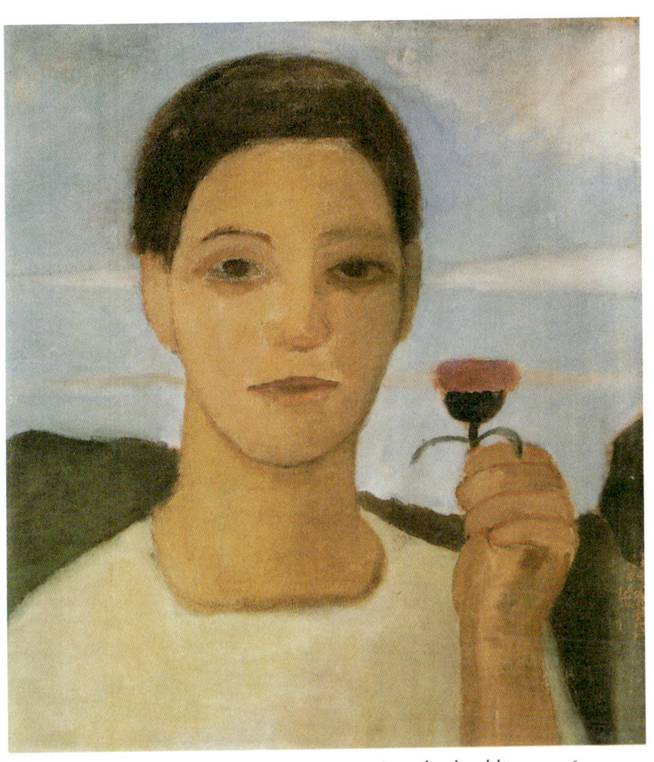

Bildnis der Schwester Herma mit Artischockenblüte, 1906, Privatbesitz

von südlicher Üppigkeit, blühende Rosen und Levkojen, einen Überfluß von wildem Goldlack. Es ist also nicht die herbe Bretagne von Cottet. Die wäre ein wenig weit und dementsprechend teuer gewesen. St. Malo liegt schon zehn Stunden von Paris entfernt, also eine Reise Bremen – Dresden.

Dein Geld kam noch schön zu rechter Zeit an, und es war mir sehr angenehm, vor der Reise meine Ateliersmiete bezahlen zu können. Willst Du nun wohl so gut sein und mir jeden 15. hundertzwanzig Mark schicken? Es fällt mir schwer, Dich darum zu bitten. Wenn Du für die nächste Zeit noch für mich sorgen willst, so thue es bitte, ohne daß ich Dich jeden Monat darum bitten muß.

Daß Du wieder an Deine Arbeit gehst, ist für mich eine große Hauptsache. Leiste nur große Sachen in Deiner Kunst, das giebt größere Genugtuung, als alles Leben erwerben kann.

Vor meiner Reise besuchte ich noch Deinen Landsmann, den Bildhauer Hoetger, dessen Arbeiten in Bremen solchen Eindruck auf mich machten. Er hat einen wundervollen liegenden Akt in Arbeit, ganz einfach monumental. Das kleine Köpfchen in Bremen stellt seine Frau dar. Beide machen den Eindruck als wenn sie sehr gelitten haben unter dem Druck der Verhältnisse. Er mag Ende der Dreißiger sein. Er war hochinteressiert von den indischen Photographien. Ich soll in diesen Wochen noch einmal zum Thee zu ihnen kommen. Sonst gehe ich fleißig weiter auf die Akademie und arbeite Nachmittags für mich. – Ich will heute noch an Fräulein Wehl fragen wann sie nach Worpswede zu kommen gedenkt. Ich glaube Anfang Mai. Sie soll Dir noch einmal genau Bescheid geben. Bitte doch Brünjes, daß sie mir in der Kammer links von der Thür Raum für meine Bilder, Studien und Zeichnungen zu geben [!]. Ich bitte Dich zugegen zu sein, wenn Tante Brünjes die Sachen verstaut, damit sie nicht zu barbarisch damit verfährt. Ich habe den guten

Brünjes-Leuten noch garnicht zu ihren Tronerben gratuliert. Sag nur, ich schriebe bald und schickte ein paar Schuhe. Bei Brünjes steht glaube ich noch ein Kistchen Wurmsche Farben, die zu spät kamen. Bist Du so freundlich und schickst sie mir hierher?

Diese Woche kommt nun Kurt nach Hause, die andere Woche Mutter. Ich freue mich, daß sie ungetrübt ihre schöne Reise genossen haben. Ich habe ihnen garnicht geschrieben.

Nun lieber Otto, sei mutig und stark und arbeite. Du mußt denken, daß auf irgend eine Weise jede schwere Zeit ein Ende hat. Grüße Elsbeth. Ich wünsche Euch alles Gute.

Deine Paula Modersohn

Hast Du von Overbeck etwas gesehn?

An Martha Vogeler

Paris, 14 Avenue du Maine
Montag, den 21. Mai 1906

Liebe Martha Vogeler,

Ihr kleiner Brief hat mir viel Freude gemacht. Ich sehe daraus, daß Sie mich gerne leiden mögen und das thut immer gut. Wir bleiben ja trotzdem »Familie«, wenn ich auch nicht bei Ihnen bin. – Krank bin ich gar nicht, wie Otto Modersohn es meint. Ich bin fix und wohl und habe eine Riesenlust an meiner Arbeit. Ich empfinde auch daß ich das Richtige thue, trotzdem ich natürlich an Otto Modersohn und Elsbeth und an meine Familie mit traurigen Gefühlen denke. Sie machen jetzt die Schmerzen durch, die ich vorher durchgemacht habe nur gewinnen Sie [!] nichts dabei, während ich schon bis jetzt manche schöne Stunde erlebt habe. Ihr sollt sehen jetzt in der Freiheit wird etwas aus mir. Fast glaube ich, noch dieses Jahr.

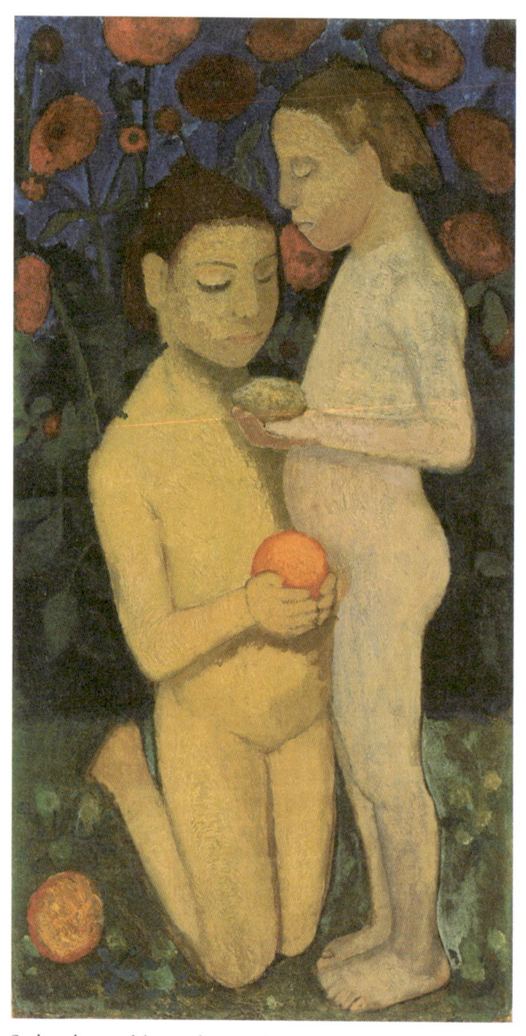

Stehender und kniender Mädchenakt vor Mohnblumen II, Mai/Juni 1906, Privatbesitz

Und wenn ich das bedenke, dann werde ich ganz fromm. – Ich bewohne hier ein großes, helles Atelier. Trotzdem ich nicht viel Möbel habe, wirkt es doch sehr gemütlich und ist mir eine kleine Heimat. Ich mag furchtbar gerne zwischen meinen Arbeiten schlafen und Morgens zwischen ihnen erwachen. Ich male lebensgroße Akte und Stilleben mit Gottvertrauen und Selbstvertrauen. Die letzte Woche bin ich erst abends aus meinem Bau herausgekrochen. Wenn man den ganzen Tag so für sich gelebt hat, dann erscheint einem Abends diese große Stadt so seltsam, so als wenn man sich ein Bilderbuch besähe. – Wenn Sie und Mining eine Woche mal herkämen, das wäre sehr schön. Können Sie Ihre neuen Pferde nicht ein wenig allein lassen? Ist Gottlieb wieder da? Kommen Sie doch. Paris ist noch schöner als im April weil es grüner ist üppiger. Sie müssen dann aber bald kommen, damit es nicht zu warm wird. –
Was Sie mir von meinen Studien geschrieben haben, hat mir natürlich viel Freude gemacht. Sowas hört man gerne. Und wenn Sie die drei kleinen Dinger, von denen Sie schreiben, haben wollen, so wissen Sie ja wie sehr mir das Spaß macht. Was ist das denn für ein kleines Mädchen mit einem schwarzen Hut? Hat sie eine Blume in der Hand? Wenn Sie mir für die drei Sachen 100.- Mark geben wollen, so ist es sehr schön. – Otto Modersohn ist ja so gut und schickt mir immer Geld, doch brauche ich auch so viel für Modelle. Wenn ich da anfange mir ein klein wenig selber zu verdienen, so ist mir das so sehr lieb. –
Also vielleicht auf Wiedersehn? Thun Sie es nur, es wird Sie nicht gereuen. Ist Mining wohl so freundlich und schickt mir die Zeichnung für den Tisch bald? Lassen Sie bald einmal wieder von sich hören.
Ich grüße Sie Beiden herzlich und bin

Ihre Paula Modersohn

Diesen Brief hatte ich gleich nach Empfang des Ihrigen geschrieben und in der Briefmappe liegen lassen. Den nächsten Tag kam Mining seiner an. Lieber Heinrich Vogeler, wenn Sie mal mit Ihrer kleinen Frau herkämen und wir zusammen sprechen könnten, das wäre schön. Dann könnten Sie mir auch erzählen, was Sie jetzt malen. Wenn die beiden Braunen es aber gar nicht erlauben, dann geht es vielleicht nächsten Frühling. Und dann haben wir uns ja gegenseitig noch mehr zu erzählen. Sein Sie nur weiter mit Otto Modersohn gut. Zum zweiten Male

Ihre P. B.

Hoetger macht jetzt ganz strenge Sachen, anders und schöner als die Sie in Dresden sahen. Er hat ähnliche Gedanken über Rodin wie Sie.

An Otto Modersohn

Paris 14 Avenue du Maine,
den 3. August 1906

Lieber Otto,
Jetzt kommen die heißen [Tage] die Paris haben soll und die ich glücklicherweise bis jetzt noch nicht kannte.
d. 5. da brach ich ab, weil Hoetgers kamen. Es war ungefähr der schwülste Abend meines Lebens, die Luft geladen voll Elektricität, die sich dann auch ganz zum Schluß in einigen Gewittern entlud. Seitdem ist die Luft wieder prachtvoll erfrischt, und mein Entschluß, Paris sobald als möglich zu verlassen, ins Schwanken gekommen. Vielleicht lasse ich mich hier in der Nähe nieder, um mir noch Modelle aus Paris kommen zu lassen. Ich habe die letzte Zeit wieder mit großer Freude gearbeitet. Heute habe ich das Portrait von Frau Hoetger angefangen.

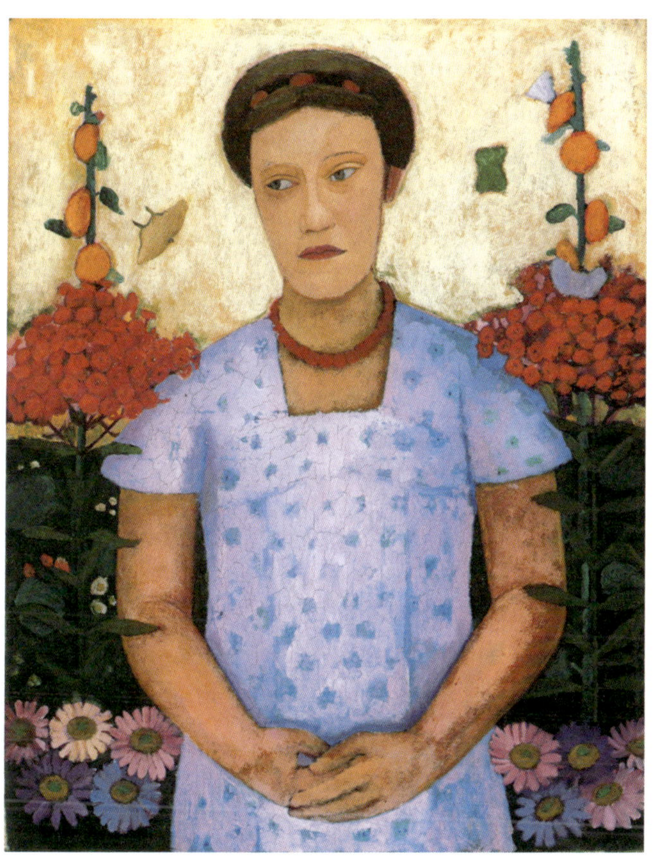

Lee Hoetger vor Blumengrund, August 1906, Kunstsammlungen Böttcherstraße / Paula Modersohn-Becker Museum, Bremen

Die Frau interessiert mich und wird mir immer lieber. Sie hat etwas Großartiges in sich. Und zum Malen ist sie ganz prachtvoll. Wenn ich nur etwas von dem, was ich bei ihr empfinde, in meinem Bilde herausbekomme. Hoetgers bleiben immer gleich liebevoll und fürsorglich für mich. Sie haben mich neulich ein paar Tage mit auf das Land genommen. Es war sehr schön und anregend. Die Schwester der Frau sah in einem weißen, enganliegenden Kleide sehr schön aus. Ich mußte sie immer ansehen. Hoetger hat das Leben gut neben zwei solchen Modellen.
– Du wirst wohl über Basel gehört haben, daß Hans einen Sonntag hier war. Er war reizend und liebevoll der gute Kerl. Er hat mir sogar das Reisegeld geschickt, Milly eines schönen Tages einmal zu besuchen, was ich nun auch, wenn es mir mit der Arbeit paßt, einmal tun werde. – Ich habe einen sehr lieben Brief von Kurt noch nicht beantwortet. Danke ihm bitte in meinem Namen.
Wenn mir sonst das Briefeschreiben schon schwer war, so ist es mir jetzt noch schwerer.
Machst Du was Gutes für Gurlitt?
Die Malerei ist schön, nur sehr, sehr schwer.
Man muß nur an sich glauben, damit bringt man schon Einiges zu Stande.
Ich grüße Dich herzlich

Deine Paula M.

An Clara Rilke-Westhoff

Paris, 49 Boulevard Montparnasse
den 17. November 1906

Liebe Clara Rilke,
Ich werde in mein früheres Leben zurückkehren mit einigen Änderungen. Auch ich selbst bin anders geworden etwas selbständiger und nicht mehr voll zu viel Illusionen. Ich habe diesen Sommer gemerkt, daß ich nicht die Frau bin alleine zu stehn. Außer den ewigen Geldsorgen würde mich gerade meine Freiheit verlocken von mir abzukommen. Und ich möchte so gerne dahin gelangen, etwas zu schaffen, was ich selbst bin.
Ob ich schneidig handle, darüber kann uns erst die Zukunft aufklären. Die Hauptsache ist: Stille für die Arbeit, und die habe ich auf die Dauer an der Seite Otto Modersohns am meisten.
Ich danke Ihnen für Ihre freundschaftliche Hülfe und wünsche Ihnen zu Ihrem Geburtstage, daß wir zwei feine Frauen werden.
Grüßen Sie Ihren Mann, wenn Sie ihm schreiben.
Mit herzlichen Grüßen

Ihre Paula Modersohn

Das Mißverständnis zwischen Ihnen und Otto Modersohn wird wohl hoffentlich wieder zum Verständnis werden.

Nun ist Ruth doch nicht zu dem berühmten Puppenbett gekommen.

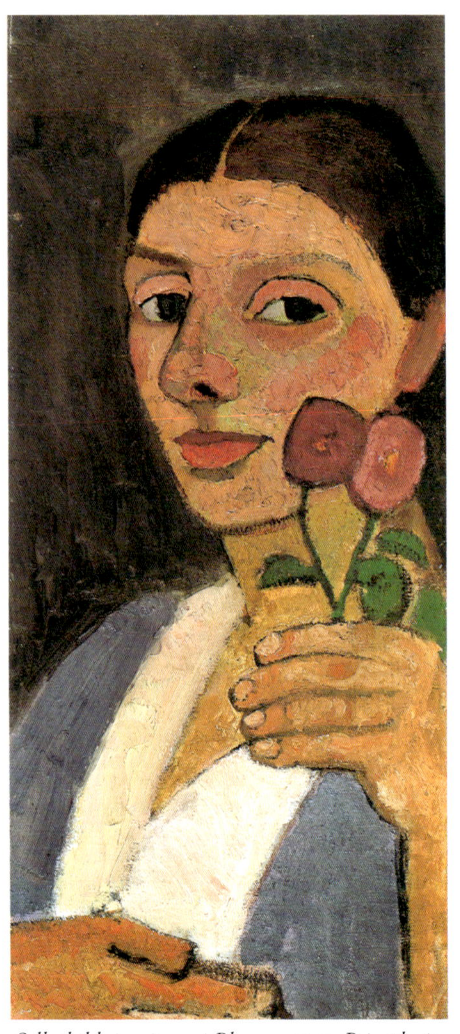

Selbstbildnis mit zwei Blumen, 1907, Privatbesitz

An Bernhard Hoetger

Sommer 1907

[...]

Ich habe diesen Sommer wenig gearbeitet und von dem wenigen weiß ich nicht, ob Ihnen etwas gefallen wird. In der Konzeption bleiben sich die Sachen wohl im ganzen gleich. Aber die Art, wie sie in die Erscheinung treten, ist wohl eine andere. Ich möchte das Rauschende, Volle, Erregende der Farbe geben, das Mächtige. Meine Pariser Arbeiten sind zu kühl und zu einsam und leer. Sie sind die Reaktion auf eine unruhige oberflächliche Zeit und streben nach einfachem großem Eindruck.

Ich wollte den Impressionismus besiegen, indem ich ihn zu vergessen versuchte. Dadurch wurde ich besiegt. Mit dem verarbeiteten, verdauten Impressionismus müssen wir arbeiten.

Wenn ich nicht irre, war außer anderem bei Ihnen dieses die Ursache des tragischen Schicksals der Saga.

Man kann nur wieder und wieder bitten: lieber Gott, mach mich fromm, daß ich in den Himmel komm.

Nachwort
Briefe über die »Hingabe an die Kunst«

Paula Modersohn-Becker, die lange Zeit unbekannte frühexpressionistische Malerin, gilt als bedeutende Vermittlerin künstlerischer Anregungen der französischen Avantgarde um 1900. Im kurzen Jahrzehnt ihres Schaffens vollzieht sie den Übergang vom 19. zum 20. Jahrhundert. Eine subtile Malweise mit reduzierten Mitteln, konturierten Formen und die Verwendung satter, leuchtender Farben kennzeichnen das Streben der Künstlerin. Ihre Modelle sind Bauernkinder, Tagelöhner und Frauen verschiedenster Altersstufen. Auch alten Armenhäuslern, deren durchfurchte Gesichter und von harter Arbeit gezeichnete Körper sie ohne Sentimentalität abbildet, verleiht sie Würde und archaische Größe. Auf dem Weg vom Narrativen hin zum Charakteristischen wird ihr dem Monumentalen und Abstrakten entgegendrängender, kraftvoller Stil von den Zeitgenossen als hölzern und dilettantisch empfunden. Daher bleibt Paula Modersohn-Becker zu Lebzeiten die Anerkennung versagt.

Der Briefnachlaß der Künstlerin umfaßt fünfzehn Jahre ihres Lebens. Vom ersten Aufbruch aus dem Elternhaus an spiegeln sich in ihm das Studium der jungen Frau, ihr Sprung in die Selbständigkeit sowie ihre zahlreichen Reisen. Paula Modersohn-Becker wendet sich an relativ wenige Korrespondenten. Ihre Briefe dokumentieren besonders die emotionale Bindung an ihre Eltern sowie die Schwestern Milly und Herma. Später kommen Adressaten aus dem Worpsweder Freundeskreis hinzu. Es handelt sich um Künstler und Kollegen wie Heinrich und Martha Vogeler, Marie Bock sowie die engen Freunde Clara Westhoff, Rainer Maria Rilke oder Bernhard Hoetger, den

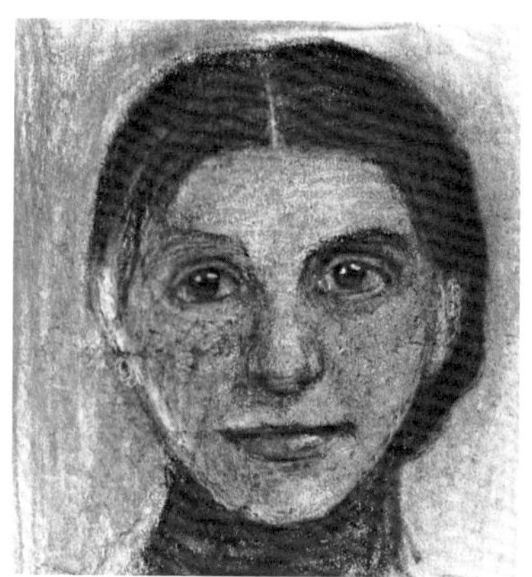

Selbstbildnis, um 1903, Besitzer unbekannt

Paula Modersohn-Becker 1906 auf ihrer letzten Parisreise kennenlernt.

Seit 1893 machen zahlreiche Selbstbildnisse Paula Modersohn-Beckers persönliche und künstlerische Entwicklung sichtbar. Sie strahlen eine Zeitlosigkeit aus, die über jeden vordergründigen Realismus hinausweist. Die fast zeitgleich einsetzenden Selbstbekenntnisse in den Briefen belegen komplementär hierzu ihren klugen, eindringenden Blick, ihre ausgeprägte Beobachtungsgabe und die unbedingte Konzentration auf die Kunst.

Stationen

Paula Becker wird als drittes von sieben Kindern 1876 in Dresden geboren. Nach dem Umzug der Familie wächst sie ab 1888 in Bremen auf. Im Alter von 20 Jahren darf sie beim Verein der Künstlerinnen in Berlin die Malschule besuchen. Nachdem ihre Eltern zuvor eine dreijährige Ausbildung zur Volksschullehrerin verlangt hatten, sammelt sie nun künstlerische Erfahrungen, die in vor Lebenslust überschäumende Briefe einfließen. Hier

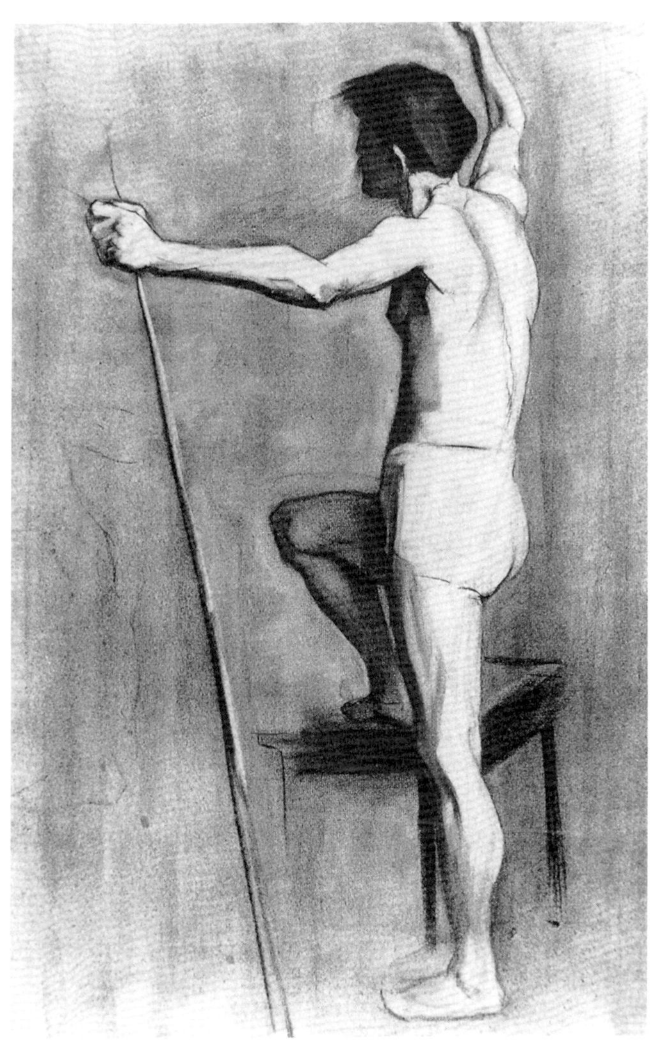

Stehender männlicher Akt, 1896/97, Privatbesitz

setzt die vorliegende Briefauswahl ein. Mit Begeisterung erläutert Paula Becker Erlebnisse, künstlerische Herausforderungen und Fortschritte: »Ich lebe jetzt ganz mit den Augen, sehe mir alles aufs Malerische an [...] beobachte tausend Gesichter«, »ich bringe noch zuviel Unwichtiges auf das Papier, statt das Wichtige mehr herauszubringen.« Die junge Künstlerin arbeitet intensiv und genießt ein »prachtvolles Jahr [...] voll Schaffen und Ringen, voll augenblicklicher Befriedigung und erfüllt vom Streben nach dem Vollkommenen.«[1] Damals nimmt sie das regelmäßige Schreiben auf.

Leben zwischen Worpswede und Paris

Im Sommer 1897 entdeckt Paula Becker die Künstlerkolonie Worpswede bei Bremen, wo sie kurzzeitig Ruhe und Konzentration für ihre Arbeit findet. Fasziniert von der unberührten Landschaft beschreibt sie in ihren Briefen, was sie anschließend zu zahlreichen Werken anregt: »Heute morgen hatte ich mir vorgenommen, meinen Pinsel ruhen zu lassen. Ich schnürte den Rucksack und packte mein Mittagessen und Goethes Gedichte ein und wanderte ins Moor, an einsam von Kiefern umstandenen Bauernhöfen vorüber, durch die unglaublich grünen Hammewiesen, durch rote Heide, an schlanken nickenden Birken vorbei.« Ein Jahr später beschließt Paula Becker, dauerhaft nach Worpswede zu ziehen und Unterricht bei Fritz Mackensen zu nehmen. Mit expressiver Anschaulichkeit drückt sie anschließend ihr Glück über das freie, arbeitsreiche Leben unter den Künstlern aus: »Malen, malen, malen geht es mir dann wieder durch den Sinn. Das ist die begleitende Melodie zu meinem jetzigen Leben. Oft klingt es leise, traumverloren, märchenhaft. [...] Oft laut und fein und groß. [...] Es ist, als ob ich nicht lebte, oder als ob nur meine Seele lebte.« Immer bewußter verfolgt sie ihre eigenen Entwicklungsschritte. Darin zeigt sich ihre zunehmende Emanzipation von der Familie: »Ich verlebe jetzt eine seltsame Zeit. Vielleicht die ernsteste meines kurzen Lebens. Ich sehe, daß meine Ziele sich mehr und mehr von den Euren entfernen werden, daß Ihr sie weniger und weniger billigen werdet. Und trotz alledem muß ich ihnen folgen. Ich fühle, daß alle Menschen sich an mir erschrecken, und doch muß ich weiter. Ich darf nicht zurück. Ich strebe vorwärts, gerade so gut als Ihr, aber in meinem Geist und in meiner Haut und nach meinem Dafürhalten.«[2]

In der Neujahrsnacht 1900 bricht Paula Becker zum erstenmal nach Paris auf, dem erklärten Mittelpunkt der europäischen Kunstszene. In ihren Briefen schildert sie die Eindrücke, die sie bei ihrem Akademiestudium sowie in den zahlreichen Mu-

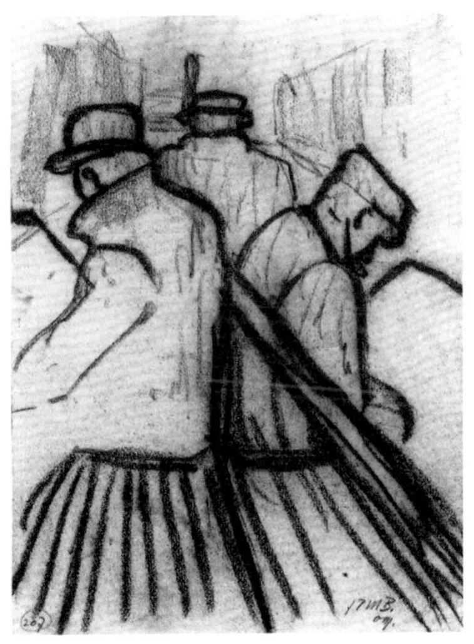

Pariser Pferdeomnibus, 1905/06,
Paula Modersohn-Becker-Stiftung, Bremen

seen und Kunsthandlungen empfängt. Sie gewinnt an Reife, Sicherheit und Kunstverständnis, was sich in ihrem Urteil über ältere und zeitgenössische Werke niederschlägt: »Jetzt fühle ich wie wir in Deutschland noch lange nicht genug losgelöst sind, nicht über den Dingen stehen und noch zu viel an der Vergangenheit kleben.« Doch das Briefeschreiben ist auch ein Ventil für ihre Stimmungen und Gefühle: »Wißt Ihr, wenn ich morgens über die Boulevards gehe, und die Sonne scheint und es wimmelt von Menschen, dann sage ich laut in meinem Herzen zu ihnen: Kinners, so etwas Schönes wie ich es noch vor mir habe, habt Ihr doch alle miteinander nicht. Und dann liebe ich das Leben sehr.«[3]

In dieser euphorischen Stimmung lädt sie die befreundeten Worpsweder Künstler zum gemeinsamen Besuch der Weltausstellung ein. Mit den Worten: »Sie *müssen* einfach herkommen« erwartet sie vor allem Otto Modersohn, den sie besonders schätzt. Anhand der überlieferten Briefe läßt sich die Beziehung zu ihm von den ersten Begegnungen mit seiner Kunst an verfolgen. Im September 1900 feiern sie heimlich ihre Verlobung, der am 25. Mai 1901 die Hochzeit folgt.

Die ersten drei Jahre der Beziehung verlaufen harmonisch: »Ich kann ihm viel sein. Das ist ein wundervolles Glück. In der Kunst verstehen wir uns sehr gut, der eine sagt meist, was der andere empfindet. Ich will auch meine Kunst nicht an den Nagel hängen. Wir wollen nun vereint weiterstreben.« Zahlreiche Familienbriefe informieren über die gegenseitige Inspiration der Partner: »Wir haben uns ja die Hände gereicht, um mit vereinten Kräften *feiner* zu werden, denn wir sind ja noch lange nicht auf unserem Höhepunkt.«[4]

Die Sehnsucht nach größerer Selbstentfaltung treibt Paula Modersohn-Becker 1903 und 1905 erneut nach Paris, wo sie in der Begegnung mit zeitgenössischen Strömungen reichhaltige

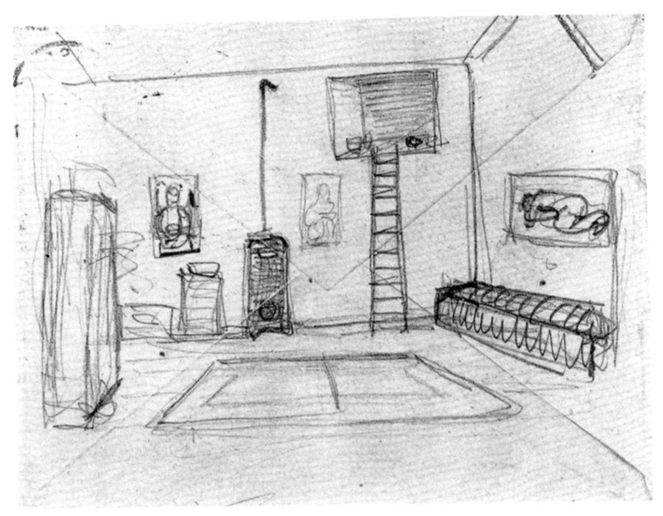

Rückseite eines Briefumschlags mit Skizze des Pariser Ateliers 49, Boulevard Montparnasse, 1906, Paula Modersohn-Becker-Stiftung, Bremen

Anregungen, Erkenntnisse und neue Impulse gewinnt, die ihre künstlerische Entwicklung enorm vorantreiben. Unbewußt, dann immer deutlicher trennen sich daraufhin die Intentionen der Eheleute. Während Otto Modersohn betont: »Werth und Reiz unseres Lebens [liegen] in der ländlichen Stille, daß nicht alle modernen Strömungen uns in ihre Bahnen ziehen [...] ich will hier bleiben, ich will immer innerlicher werden«, bedeutet Worpswede für seine fortstrebende Frau mehr und mehr »Winterschlaf«, so daß das »Untertauchen in eine fremde Stadt mit ihren tausend Schwingungen nach zehn ruhigen Worpsweder Monaten mir ungefähr Lebensbedürfnis wird«.[5]

1906 erfolgt Paula Modersohn-Beckers endgültiger Aufbruch nach Paris. Den anschließenden Schaffensrausch beschreibt sie ihrer Mutter: »Ich fange jetzt ein neues Leben an. Stört mich nicht, laßt mich gewähren. Es ist so wunderschön. Die letzte Woche habe ich gelebt wie im Rausche. Ich glaube, ich habe etwas vollbracht, was gut ist.« Dennoch kehrt sie im folgenden Jahr nach Worpswede zurück. Ihre Gründe finden sich in einem Brief an die Freundin Clara Rilke-Westhoff: »Ich werde in mein früheres Leben zurückkehren mit einigen Änderungen. Auch ich selbst bin anders geworden etwas selbständiger und nicht mehr voll zu viel Illusionen. Ich habe diesen Sommer gemerkt, daß ich nicht die Frau bin alleine zu stehn. Außer den ewigen Geldsorgen würde mich gerade meine Freiheit verlocken von mir abzukommen. Und ich möchte so gerne dahin gelangen, etwas zu schaffen, was ich selbst bin. [...] Die Hauptsache ist: Stille für die Arbeit, und die habe ich auf die Dauer an der Seite Otto Modersohns am meisten.«[6] Außerdem erwartet sie ein Kind.

In ihrer Korrespondenz, die sie dazu nutzt, sich weiter über neueste Nachrichten, aktuelle Geschehnisse und Ausstellungen in Paris zu informieren, wird jedoch ihr anhaltendes Fernweh deutlich. Wenige Tage nach der Geburt ihrer Tochter Mathilde stirbt Paula Modersohn-Becker im November 1907 im Alter von 31 Jahren an den Folgen einer Embolie.

Kunst – Leidenschaft und Ausdruckskraft

Paula Modersohn-Beckers ganze Aufmerksamkeit galt der Kunst. In vielen Briefen thematisiert sie leidenschaftlich ihre malerischen Ziele und ihre Kunstauffassung und gewährt so einen ganz eigenen, erschließenden Blick auf ihr Œuvre. Damit läßt sich sowohl die persönliche als auch künstlerische Entwicklung der jungen Frau nachvollziehen, die sich zunächst selbstironisch als »dummes Gänschen vom Lande« bezeichnete und ihre ersten Werke mit »Hummer-Mayonnaise« verglich.

Wie die Selbstporträts der Künstlerin, die Konzentration und Selbstbewußtsein ausstrahlen, künden auch die schriftlichen Selbstdarstellungen später von ihrer Zuversicht und Kraft, wenn sie schreibt: »Ich werde anders [...] vorgeschrittener, zielbewußter, selbständiger.« »Es *macht* große Freude. Und doch ist es ein Kampf.«[7]

In Berlin beginnt die junge Künstlerin sogleich ein Leben »voll Schaffen und Ringen, voll augenblicklicher Befriedigung und erfüllt vom Streben nach dem Vollkommenen.« Mit absoluter »Hingabe an die Kunst« und »Konzentrieren meiner Kräfte auf das Eine« arbeitet sie in der Hoffnung, »daß es immer besser wird und daß ich immer besser werde«, belohnt mit dem vagen Gefühl: »Ich glaube, es wird.« »Ich habe Nacht und Tag aufs Intensivste an meine Malerei gedacht«, »mit einer Leidenschaft, die alles andere ausschließt.« »Dieses unentwegte Brausen dem Ziele zu, das ist das Schönste im Leben.«[8]

Vorangetrieben von schöpferischer Kraft und ungeheurer Arbeitsenergie kulminiert ihre Begeisterung 1901 in dem Ausruf: »Kunst ist doch das Allerschönste.« Malerische Themen prägen vor allem den brieflichen Gedankenaustausch mit ihrem Ehemann und Kollegen, dem sie aus Paris schreibt: »[...] die Technik, die Farbe, die große Form. Dies sind Deine Mittel, und der Zweck ist, deine Compositionen als Bilder entstehen zu lassen.« Gerade ihm teilt sie neueste Nachrichten aus der Welt der Kunst mit: »Ein anderer feiner Kerl ist der Lucien Simon mit einem eigenartigen, naiven, gesunden Formengefühl und Velasquez-Tönen in seinem Weiß und Schwarz.«[9]

Während in Briefen aus künstlerisch produktiven Phasen innere Ruhe, Ausgeglichenheit und Zufriedenheit spürbar werden, manifestiert sich während stagnierender Perioden ihre kraftlos-pessimistische Seelenverfassung. Abwechselnd konstatiert sie: »Beim Zeichnen [...] überkommt mich solch ein friedliches Behagen« wie auch: »Ich habe ziemlich schwere Wochen hinter mir. Ich habe mich so gequält.« Zeitweise scheint es, als hätte Paula Modersohn-Becker ihr Selbstvertrauen verloren, wenn sie bekennt: »Außerdem ist Malen eine schöne Kunst, die schwer geht«, »endlos schwer. Und manchmal mag man gar nicht davon sprechen.« »Erwarten Sie nur nichts von mir. Sonst enttäusche ich Sie vielleicht, denn ehe ich etwas bin das dauert vielleicht noch lange.« Wie junge Künstler jeder Epoche – »hungernde, suchende Seelen« – artikuliert Paula Modersohn-Becker in ihren Briefen Hoffnung, Erwartung und den Kampf um Anerkennung. Menschen, die ihre »Malerschaft mitleidig und zartfühlend behandelten wie einen kleinen, schnurrigen, verbissenen Spleen«, entgegnet sie: »Ich fühle, daß nun bald die Zeit kommt, wo ich mich nicht zu schämen brauche und stille werden, sondern wo ich mit Stolz fühlen werde, daß ich Malerin bin.«[10]

Die Briefe Paula Modersohn-Beckers verfolgen den Prozeß ihres Schaffens, beginnend mit einer »ersten Landschaft […] in Sepia« und dem »ersten Pleinairporträt«. Bald stellt sie »den Menschen […] in seiner mannigfachen Vielfarbigkeit« in den Mittelpunkt ihrer Kunst, was tiefgründige anatomische Studien und intensives Beobachten verlangt: »So studiere ich […] mit riesigem Vergnügen Physiognomien und versuche, das ihnen Charakteristische schnell zu finden. Wenn ich mit jemandem spreche, so beobachte ich mit Fleiß, was für einen Schatten die Nase wirft, wie der tiefe Schatten auf der Wange energisch ansetzt und doch wieder mit dem Licht verschmilzt.« »So hat mir heute die faltige Backe meines Vaters große Freude gemacht. So ein Menschenantlitz einmal richtig malen zu können, das gehört für mich doch zu dem Schönsten.« Dieses direkte Erzählen, das Wortbilder genau modelliert, entspricht auf eigene Weise ihren

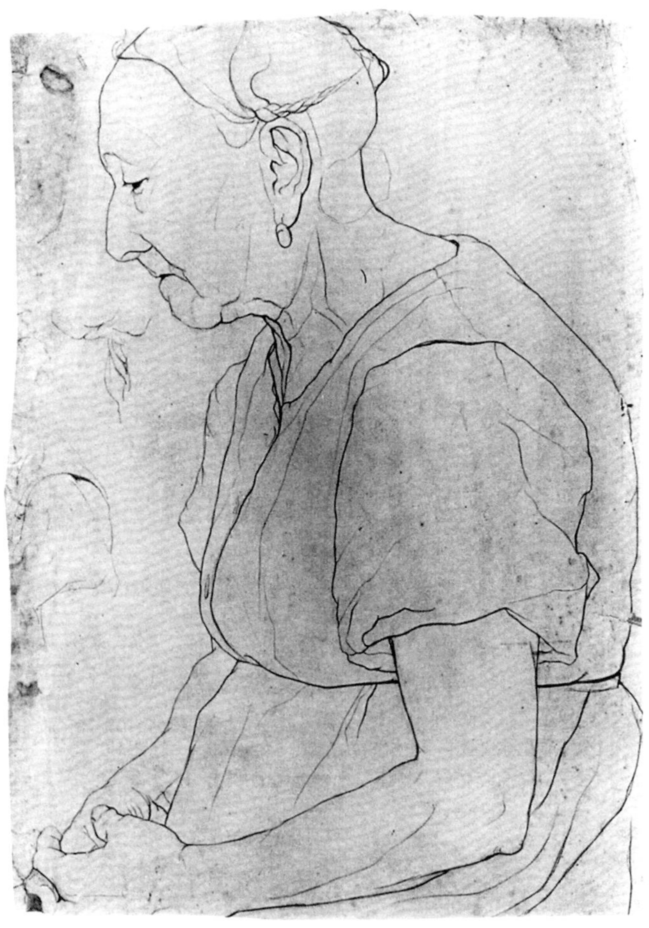

Oberkörper einer alten Frau mit gefalteten Händen nach links, 1897/98, Paula Modersohn-Becker-Stiftung, Bremen

Gemälden. »Mir macht es großen Spaß, solche Charaktere, die sternschnuppenartig an meinem Lebensschifflein vorbeifliegen, in ihren Grundrissen festzunageln. Wenn ich überhaupt Begabung zur Malerei habe, wird im Porträt doch immer mein Schwerpunkt liegen, das habe ich wieder gefühlt.«[11]
Paula Modersohn-Beckers erste Modelle sind »eine junge Frau mit einer ganzen Geschichte im Gesicht«, »ein kleiner ungarischer Mausefallenjunge« oder »eine echte Berliner Portiersfrau mit den dazugehörigen Redensarten«. In Worpswede malt sie Menschen aus dem Armenhaus, da sie »für meine Gefühle die einzigen Individuen hier sind, die singen«. Sie beschreibt entstehende »Farbenstudien von der Kuh, der Ziege, der dreibeinigen Alten und all den Armenkindern« in ihren Briefen mit plastischen Worten: »Ein kleines, blondes, blauäugiges Dingelchen. Es stand zu schön auf dem gelben Sand. Es war ein Leuchten und Flimmern. Mir hüpfte das Herz. Menschen malen geht doch schöner als eine Landschaft.« Auch in Paris widmet sich Paula Modersohn-Becker der Menschendarstellung, doch werden die eigenen Werke immer seltener zum Gegenstand ihrer schriftlichen Ausführungen, und wenn, dann in knappen Formulierungen: »Ich male lebensgroße Akte und Stilleben mit Gottvertrauen und Selbstvertrauen«, »Clara Rilke im weißen Kleid« und »Frau Hoetgers Porträt […] blond, kollossal formvoll.«[12]

Auch ihr lebhaftes Farbempfinden spiegelt sich in Paula Modersohn-Beckers reicher, ausdrucksstarker Sprache: »Ich lief […] allein in dieser weiten Welt von Gelb und Blau«, »dann gings auf gelbem Eis unter blauem, nachtblauem Himmel dahin.« Die Bedeutung, die die Farbe für sie hat, unterstreicht sie bereits 1897 mit den Worten: »[…] ich liebe die saftigen Ölfarben aus ganzer Seele.« In späteren Briefen an Künstlerkollegen wie

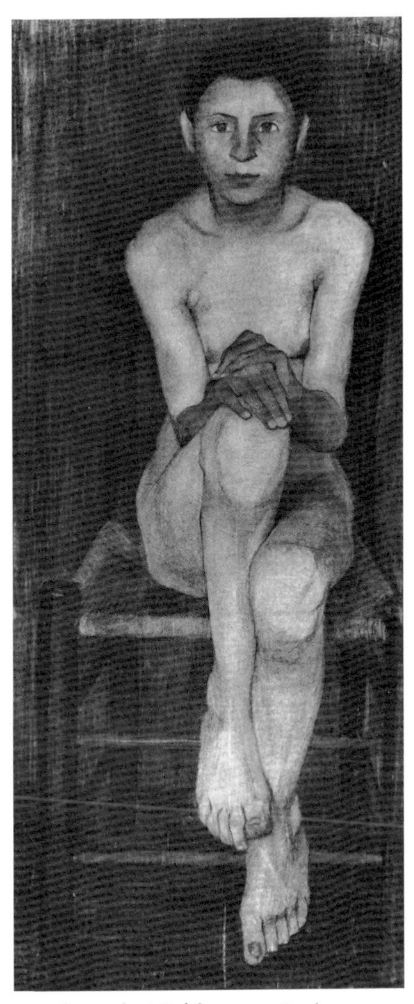

Sitzendes Mädchen, um 1899/1900,
Kulturstiftung Landkreis Osterholz/
Große Kunstschau Worpswede

Bernhard Hoetger findet sie differenziertere Formulierungen, um ihre koloristischen Ziele auszudrücken: »Ich möchte das Rauschende, Volle, Erregende der Farbe geben, das Mächtige«, »das Tiefe, das Satte«. Auch in formaler Hinsicht verdeutlichen die schriftlichen Zeugnisse ihren Weg – sie erstrebt das »Naive und Natürliche«, »die Formen so einfach und groß«.[13]
In manchen ihrer Briefe benennt Paula Modersohn-Becker damals diskutierte Licht- und Naturauffassungen bzw. künstlerische Strömungen und überliefert gleichzeitig persönliche Erkenntnisse oder Techniken. So ist sie zunächst der Überzeugung, »daß Naturalismus das einzig Wahre ist. Schon deshalb, da er eine viel größere Mannigfaltigkeit der Individuen erfordert, die im Idealismus ja unmöglich ist. Er verallgemeinert.« Bei ihren Briefpartnern sucht sie Austausch und geistige Verwandtschaft. Ihnen erklärt die Künstlerin beispielsweise ihre bevorzugten Lichtverhältnisse: Sie malt »bei bedecktem Himmel. Bei Sonne ist mir die Erde viel zu hell, ich möchte dann alle Farben tiefer haben, satter, und werde ganz ärgerlich bei dieser Helligkeit.« »Ich wollte den Impressionismus besiegen, indem ich ihn zu vergessen versuchte. Dadurch wurde ich besiegt. Mit dem verarbeiteten, verdauten Impressionismus müssen wir arbeiten.«[14]

Kunstbetrachtung

Von klein auf gehören Museumsbesuche zu Paula Modersohn-Beckers bürgerlicher Erziehung. Parallel zur eigenen künstlerischen Ausbildung betrachtet sie mit »gewaltiger Ehrfurcht« zunächst die Kunstwerke der alten Meister in Berlin: »Der *Goya hat* Temperament und Gestaltungskraft. Dem kribbelt es in den Fingerspitzen.« Die in zahlreichen Briefen beschriebenen Eindrücke reflektieren ihre persönliche Art der Kunstbetrachtung, wie z. B. im Kunsthistorischen Museum von Wien, wo

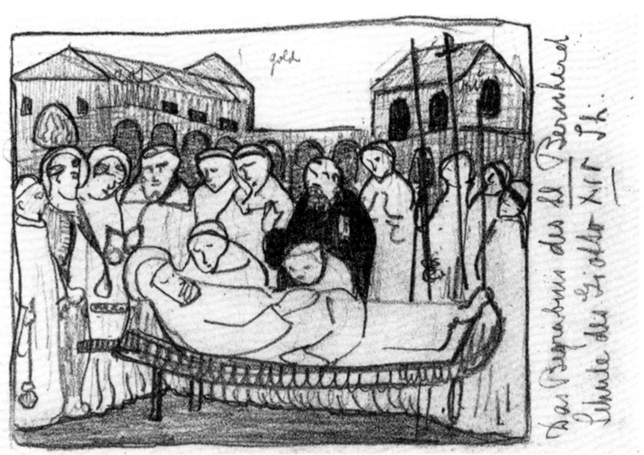

Das Begräbnis des heiligen Bernhard, um 1900, nach einem Gemälde der Giotto-Schule, Skizzenbuch XXI, Blatt 8
Paula Modersohn-Becker-Stiftung, Bremen

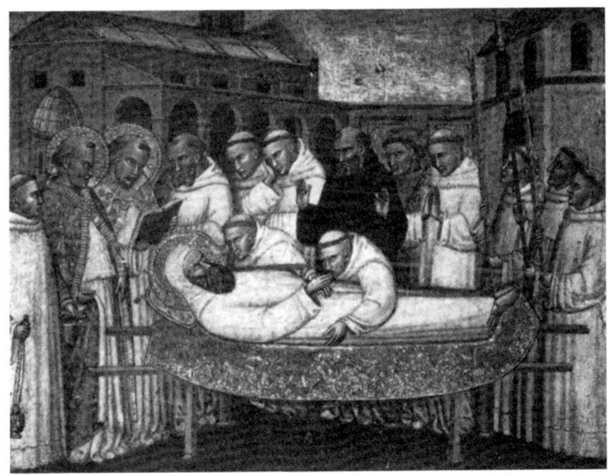

Schule des Giotto di Bondone, Das Begräbnis des heiligen Bernhard, 14. Jahrhundert, Musée du Louvre, Paris

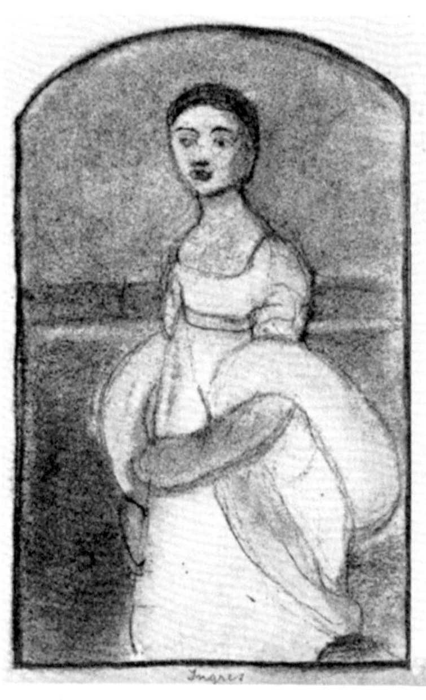

Mademoiselle Caroline Rivière, um 1900,
nach einem Gemälde von Jean Auguste Dominique Ingres,
Skizzenbuch XXI, Blatt 22
Paula Modersohn-Becker-Stiftung, Bremen

sie »die wundervollen Farben der noblen Tizian-Porträts und Rubens mit all seiner Pracht« begeistern.

In Paris wird der museale Kunstgenuß zur täglichen Inspirationsquelle und Blickschule: »Das A und O ist für mich das Louvre. Dort kann man seine Seele nach Herzenslust baden, und ich bade sie oft dort.« Die gesammelten Erfahrungen und Anregungen bündelt Paula Modersohn-Becker ausführlich in ihren Pariser Briefen. Neben deutschen und italienischen Kunstwerken des 13. bis 15. Jahrhunderts, die sie besonders interessieren,

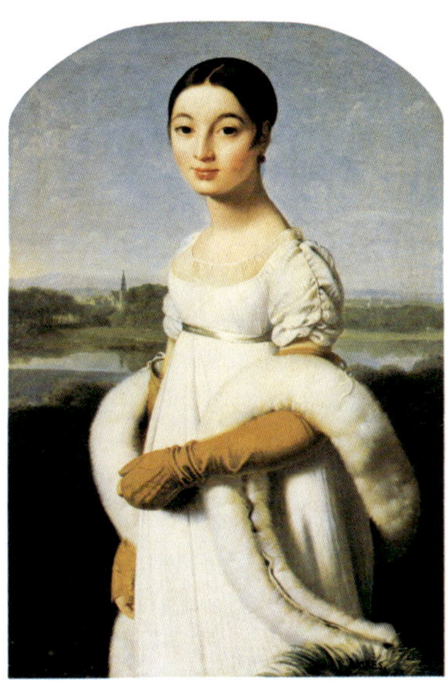

Jean Auguste Dominique Ingres,
Mademoiselle Caroline Rivière, 1805,
Musée du Louvre, Paris

findet Rembrandt häufige Erwähnung – »ein Mensch, ein Großer, ein Mächtiger, ein König [...]. Er hat auch eine Farbigkeit, in die ich mich erst hineinschauen mußte.« Beschwingt schreibt sie nach Hause: »Diese alten Meister bringen auch ein tüchtig Stück weiter.« »Ich fühle und empfinde mit immer größerer Lebhaftigkeit, wie das Intime die Seele aller großen Kunst ist.« Als Folge der intensiven Betrachtungen zeugen klare, treffende Urteile von ihrem wachsenden Kunstverständnis. Verstärkt erklingt in Paula Modersohn-Beckers Briefen wache Kritik anstelle reiner Begeisterung: »[...] der Mangel an Konstruktion [...] ich sehe ihn, während ich ihn früher nicht sah.«[15]

Neben den alten Meistern gilt ihr Interesse zunehmend der aktuellen Kunstentwicklung um 1900, ausgestellt »im Luxembourg«, wo sich Paula Modersohn-Becker bei ihren häufigen Besuchen eine persönliche Meinung zu modernen Werken bildet. So ist z. B. »Über Zuloaga [...] mein Urteil noch bestimmter geworden durch das Vergleichen seiner Bilder mit dem großen Cottet-Triptychon.« Stellenweise demonstrieren harte, der Umgangssprache verhaftete Worte Paula Modersohn-Beckers kritische Haltung: »Viel Schmuß«, Bilder, die »bunt die Sinne verwirren. Man weiß nicht recht, wo die Schraube wirklich los ist [...] dümmste Konvention neben exzentrischen Pointillierversuchen.« Mit anerkennenden oder abwertenden Worten beurteilt sie ihre Künstlerkollegen: »Degas [...] Mir scheint es auch als ob er das Naive in der Linie zu sehr sucht und dadurch manieriert wird. [...] Viel Schönes, Tiefes sagt der Puvis de Chavannes. [...] Kennen Sie Monet. Ich hatte in Deutschland seinen Namen gehört. [...] Auch hier schien mir die Auffassung der Natur eine oberflächliche.« »Ich habe prachtvolle Courbets gesehen, es thut mir leid, daß er gerade Mode ist. Ich finde ihn aber großartiger als Manet und Monet.«[16]

Als kulturelles Zentrum bietet die Weltstadt Paris vielfältige Impulse. Die junge Künstlerin besucht Kunsthändler, Privatsammlungen, kleine Salons oder spektakuläre »Retrospektivausstellungen«. »Der Bildhauer Rodin hat eine Sonderausstellung eröffnet, das große ernste Lebenswerk eines Sechzigjährigen.« Auch anläßlich der mit Spannung erwarteten Weltausstellung erklärt sie: »Das Schönste für mich sind die Franzosen« und lobt deren »ungeheure Tiefe der Farbe«.

Deutlich formuliert Paula Modersohn-Becker in ihren Briefen eine verstärkte Ausrichtung an der Moderne. Ihre Vorbilder werden »hauptsächlich die aller-allermodernsten. Vuillard und Denis will ich aufsuchen, im Atelier hat man doch den

Haupteindruck.« »Dann will ich noch zu Rodin gehen, wovor ich Angst habe.« Vor allem Atelierbesuche verschaffen Paula Modersohn-Becker Einblick in die aktuellen Entwicklungen und Bestrebungen ihrer Zeit. Sie bewundert »Leidenschaft und ein Genie und ein sich-nicht-Kümmern um die Konvention«. Dieses Ideal verleiht ihr den Mut zu neuen Ausdrucksformen. Die Malweise der französischen Avantgardisten bestärkt Paula Modersohn-Becker, zu sehen, »wie weit man gehen kann, ohne sich um das Publikum zu kümmern«, und zu wagen, »naiv zu sehen«. In Paris sammelt sie Eindrücke, die nachhaltig auf ihr Denken und Malen wirken. So heißt es noch in ihrem vorletzten Brief: »Ich denke und dachte diese Tage stark an Cézanne und wie das einer von den drei oder vier Malerkräften ist, der auf mich gewirkt hat wie ein Gewitter und ein großes Ereignis.«[17]

Paula Modersohn-Becker in ihrer Zeit

Paula Modersohn-Beckers Briefe handeln nicht ausschließlich von Kunst, wie es die vorliegende Auswahl vermuten lassen könnte. Am »großen Bismarck« fällt ihr 1896 auf, wie »alt er geworden [ist], ganz alt«. Ihrem wachen Blick entgeht der Zustand öffentlicher Gebäude (»Das Parkett im Louvre geht auch schon kaputt«) genausowenig wie die Tatsache »der immer noch unfertigen Sacré Cœur«.[18] Eine Passage zu »Dr. Ploetzs schädelmessenden Händen« gibt Einblick in neueste medizinische Theorien, während an anderer Stelle von der Ausübung einer modischen Fitneßpraxis berichtet wird: »Mache nur wieder fleißig Luftbad […]. Ich bade jetzt auch abends und morgens schön Luft und freue mich in meinem lebensgroßen Spiegel meiner Kurven und Rundungen.«

In erster Linie dokumentieren die Eindrücke der Künstlerin jedoch die aktuelle Kunstrezeption um 1900. Mit ihrer Beschreibung von Ausstellungen ostasiatischer Kunst unterstreicht Paula Modersohn-Becker eine Begeisterung, die sie mit vielen Zeitgenossen teilt. Sie bemerkt die »große Merkwürdigkeit von Form, Farbe und Geist. Die Sachen konnten eine kolossale Stimmung ausdrücken, etwas Nächtliches, etwas Düster-Geheimnisvolles, oder auch wieder etwas Mondän-Kokettes.«[19]

Nicht zuletzt werden anhand der Briefe Paula Modersohn-Beckers die Anfänge der Emanzipation aus der Sicht einer bürgerlich erzogenen Frau nachvollziehbar. Eher spöttisch belächelt sie eine »zu große Korsettlosigkeit« ihrer Zeitgenossinnen: »Ich bin ja nicht gerade für jenes Kleidungsstück, nur soll man es auch nicht vermissen.« Amüsiert, doch distanziert beobachtet sie »die Hosendamen«, die unter anderem »ihre Männlichkeit durch jungenshaften Heißhunger« provozierend zu beweisen suchen, und deren »mitleidige höhnische Art, von den Männern zu sprechen wie von gierigen Kindern. Das bringt mich dann gleich auf die männliche Seite.« »Ich glaube, sie bilden sich wirklich ein, sie seien nicht eitel und gäben nichts auf Äußerlichkeit. Und doch sind sie auf ihre Hosen so stolz wie unsereins auf ein neues Kleid.«[20]

Im Gegensatz zu dieser eher konservativen Haltung vollzieht Paula Modersohn-Becker als Künstlerin eine deutliche Loslösung von der Konvention: »Ich halte überhaupt mehr von einem freien Menschen, der die Convention bewußt von sich thut. Ich meine, er muß sie besessen haben. […] Dann kann er sich von ihr abwenden.« Sie kritisiert die Unterschiede im Studium an den Kunstakademien in Paris, wo Frauen zu Beginn des 20. Jahrhunderts nicht gemeinsam mit Männern ausgebildet werden, da »bei den Männlein […] viel besser gearbeitet [wird] als bei den Fräuleins«, und erkennt: »Wir haben es glaube ich doch schwerer.« In diesem Zusammenhang betont Paula Modersohn-Becker wiederholt ihren damals alles andere als selbstverständlichen Anspruch auf eine eigene berufliche Entwicklung: »[…] daß ich mich verheirate, soll kein Grund sein, daß ich nichts werde.« Für sie besteht eine Beziehung im Gleichgewicht der Partner, denn: »Ist nicht dadurch der Bund zweier starker Menschen so reich und so allbeglückend, daß Beide herrschen und Beide dienen in Schlichtheit und Friede und Freude und stiller Genügsamkeit.«[21]

Zusammen mit dem Tagebuch, das Paula Modersohn-Becker wohl seit ihrem 14. Lebensjahr geführt hat, stellen die erhaltenen Briefe eine wichtige biographische Quelle dar. Sie beschreiben die Stationen ihres persönlichen und künstlerischen Werdegangs, wobei ihre Persönlichkeitsentwicklung deutlich wird und wechselnde soziale Rollen als Tochter, Schwester, Ehefrau und Mutter in Erscheinung treten. Facettenreich stehen Alltagsbegebenheiten neben aktuellen künstlerischen Entwicklun-

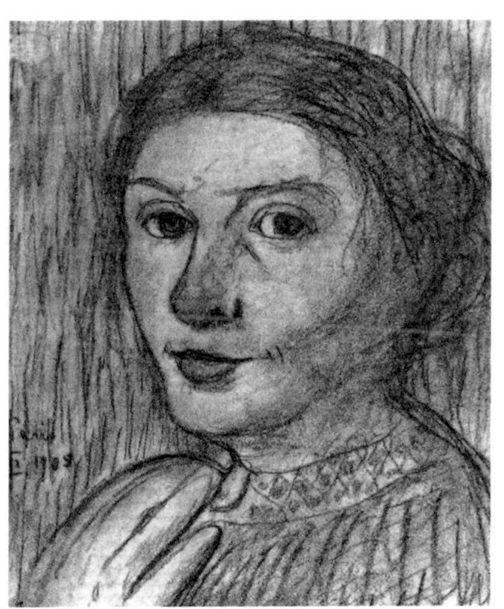

Selbstbildnis, 1905, Kunsthalle Bremen – Der Kunstverein in Bremen

gen, leichter Plauderton neben poetischer Phantasie und intellektuellem Wortwitz. Gemeinsam bilden sie einen sowohl privaten als auch zeitgenössischen Hintergrund für das beginnende 20. Jahrhundert. Als Zeitzeugin ihrer Epoche formuliert Paula Modersohn-Becker eine persönliche Sicht auf Dinge und Ereignisse. Dabei bleibt sie immer Künstlerin: Sie wählt den dargestellten Ausschnitt und gibt nur die für sie wichtigen Gedanken preis. Einem ihrer Selbstporträts vergleichbar, das sie im Spiegel seitenverkehrt betrachtet und nach eigener Einschätzung interpretiert, erscheinen ihre Aussagen spontan oder verallgemeinernd, authentisch und subjektiv. Paula Modersohn-Becker hinterließ keine kunsttheoretischen Aufsätze. Als Begleiter ihrer malerischen Entwicklung und Zeugen von wachsendem Kunstverständnis sind daher die Briefe zur Erschließung ihrer Bilderwelt hochwillkommen. In späteren Jahren werden die Kommentare zum eigenen Werk jedoch immer seltener. In sprachlichen Eigenheiten und privaten Details aber zeichnet sich das Wesen der Schreiberin ab, das diese Briefe zu einer faszinierenden Lektüre macht – für den, der Paula Modersohn-Becker in die Weiten der Worpsweder Heidelandschaft oder in die hektischen Straßen von Paris folgt und nach gewonnener Vertrautheit die Tragik ihres frühen Todes um so stärker empfindet.

Corona Unger

Anmerkungen zum Nachwort

1 Tagebucheintrag vor dem 18. 5. 1896 sowie Brief an die Eltern vom 23. 4. 1896 und an den Vater vom 18. 5. 1896.

2 Brief an die Eltern von Juli 1897, an Marie Hill vom 14. 7. 1897 und an Milly Becker vom 21. 9. 1899.

3 Brief an Otto und Helene Modersohn von Anfang Mai 1900 und an die Eltern vom 13. 4. 1900.

4 Ders. Brief an Otto und Helene Modersohn von Anfang Mai 1900, an Marie Hill von Oktober 1900 und an Otto Modersohn nach dem 12. 9. 1900.

5 Otto Modersohn an Paula Becker am 20. 5. 1900, Brief Paula Modersohn-Beckers an Herma Becker vom 8. 11. 1905 und an die Mutter vom 11. 4. 1905.

6 Brief an die Mutter vom 10. 5. 1906 und an Clara Rilke-Westhoff vom 17. 11. 1906.

7 Briefe an Milly Becker vom 25. 2. 1894 und an den Vater vom 27. 1. 1897, sowie Tagebucheintrag vom 19. 1. 1899 und Brief an die Eltern vom 10. 9. 1899.

8 Brief an den Vater vom 18. 5. 1896, an die Eltern vom 10. 9. 1899 und an die Mutter vom 19. 1. 1906. Sowie Brief an Heinrich Vogeler vom 15. 5. 1906, an Otto Modersohn vom 8. 5. 1906 und 15. 5. 1906, an die Eltern vom 28. 10. 1897 und an die Mutter vom 19. 1. 1906.

9 Brief an Otto Modersohn vom 15. 1. 1901, vom 18. 2. 1903 und von Anfang Mai 1900.

10 Brief an die Eltern von März bzw. April 1898, an Otto und Helene Modersohn von Anfang Mai 1900, an Marie Hill vom 7. 6. 1905 und an Milly Rohland-Becker vom 21. 2. 1907. Sowie Brief an Rainer Maria Rilke vom 10. 3. 1907, an Otto Modersohn vom 15. 1. 1901 und an die Mutter vom 6. 7. 1902.

11 Brief an den Vater vom 7. 8. 1892, an die Eltern von August 1897 und an Rainer Maria Rilke vom 12. 11. 1900. Sowie Brief an die Eltern vom 23. 4. 1896, an Otto Modersohn vom 23. 12. 1900 und an die Eltern von Juni (um den 10. 6.) 1898.

12 Brief der Mutter an Paula Modersohn-Becker vom 29.12.1896 sowie Briefe Paula Modersohn-Beckers an den Vater um den 27.2.1897, an die Eltern vom 3.4.1897 und an die Mutter vom 27.6.1902. Sowie Brief an die Eltern von August 1897, an Martha Vogeler vom 21.5.1906, an die Mutter vom 26.11.1905 und an Heinrich Vogeler vom 12.8.1906.

13 Brief an Otto Modersohn vom 10.1.1901, an Rainer Maria Rilke vom 10.1.1901, an die Eltern vom 7.5.1897 und an Bernhard Hoetger im Sommer 1907. Sowie Brief an Otto und Helene Modersohn von Anfang Mai 1900, an Milly Becker vom 29.2.1900 und an Herma Becker vom 18.3.1903.

14 Brief an Kurt Becker von Juni 1899, an Otto und Helene Modersohn vom 29.2.1900 sowie an Bernhard Hoetger im Sommer 1907.

15 Brief an die Eltern vom 10.12.1897 und an Otto Modersohn vom 12.2.1901. Weiterhin Brief an die Eltern vom 11.1.1900, an Otto Modersohn vom 15.1.1901, an den Vater vom 18.1.1900 sowie an Otto Modersohn vom 22.2.1903 und von Anfang Mai 1900.

16 Briefe an Otto Modersohn von Anfang Mai 1900 sowie vom 12.3.1903, 22.3.1905, 29.2.1900 und 9.4.1906.

17 Briefe an die Eltern im Juni und Mai 1900 (um den 8. 6. bzw. den 11. 5.), an Otto Modersohn vom 22.3.1905, von Anfang Mai 1900 und vom 10.3.1905 sowie vom 15.3.1905 und 2.3.1903. Weiterhin Brief an die Eltern im Mai (um den 11. 5.) 1900 und an Clara Rilke-Westhoff vom 21.10.1907.

18 Brief an den Vater vom 18.5.1896 sowie Briefe an Otto Modersohn vom 18.2.1903 und 11.3.1905.

19 Briefe an die Eltern vom 12. 6. 1901 sowie an Otto Modersohn vom 15.3.1905 und 17.2.1903.

20 Brief an Otto Modersohn vom 21.1.1901 sowie ein undatiertes Schreiben aus dem Jahr 1897 an die Eltern und an dieselben vom 10.1.1897.

21 Briefe an Otto und Helene Modersohn von Anfang Mai 1900 und vom 29.2.1900 sowie an die Mutter vom 3.11.1900 und an Clara Rilke-Westhoff vom 10.2.1902.

Verzeichnis der Briefempfänger

Mathilde und *Carl Woldemar Becker*, Eltern der Künstlerin. Carl Woldemar Becker, geb. am 31.1.1841 in Odessa, gest. am 30.11.1901 in Bremen, königl. preuß. Baurat und Betriebsinspektor in Chemnitz und Dresden, Baurat in Bremen. Heiratet am 11.6.1872 Mathilde von Bültzingslöwen, geb. am 3.11.1852 in Lübeck, gest. am 22.12.1926 in Bremen.

Kurt Gottfried Becker, Bruder der Künstlerin. Geb. am 27.4.1873 in Chemnitz, gest. am 24.10.1948 in Bremen, studierte Medizin in Leipzig, Freiburg, Berlin und Kiel.

Bianca Emilie Becker, gen. Milly, ältere Schwester der Künstlerin. Geb. am 27.7.1874 in Dresden, gest. am 11.3.1949 in Basel. 1905 Heirat mit Johannes Rohland. Sie zählt wie ihre Schwester zu Heinrich Vogelers Gästen im Barkenhoff, wo regelmäßig u.a. Otto Modersohn, Martha Schröder, Clara Westhoff, Rainer Maria Rilke und Carl Hauptmann zusammenkommen – ein Kreis, der sich verwandt fühlte und als »Familie« bezeichnet.
Im März 1907 Geburt der Tochter Christiane. Sie nimmt nach dem Tod ihrer Schwester Paula deren einziges, im selben Jahr geborenes Kind Mathilde zu sich.

Herma Becker, jüngere Schwester der Künstlerin. Geb. am 23.7.1885 gemeinsam mit Zwillingsbruder *Henry, gen. Henner*, gest. 1963.
Dr. phil., Oberlehrerin in Eberswalde, Berlin, Frankfurt am Main, ab 1913 verheiratet mit August Arthur Moritz Weinberg, Prof. und Oberstudiendirektor der Hardenberg Oberrealschule in Berlin-Lichtenberg.
1906 gemeinsamer Parisaufenthalt der Schwestern Herma und Paula sowie Reise in die Normandie. Von 1901 bis 1906 malt Paula Modersohn-Becker zehn Porträts ihrer jüngeren Schwester.

Marie Hill, geb. Becker (1856-1914), Tante der Künstlerin, Halbschwester von Carl Woldemar Becker. In zweiter Ehe verheiratet mit Charles Hill, einem englischen Plantagenbesitzer und Kaufmann.
Paula Becker besucht sie 1892 für mehrere Monate in England und unternimmt 1899 mit ihr eine Reise durch die Schweiz.

Friedrich Wilhelm Otto Modersohn, Ehemann der Künstlerin, Landschaftsmaler. Geb. am 22. 2. 1865 in Soest, gest. am 10. 3. 1943 in Rotenburg (Wümme). Studiert ab 1884 an der Kunstakademie Düsseldorf, ab 1888 an der Kunstakademie Karlsruhe. 1889 gründet er mit Fritz Mackensen und Hans am Ende eine Künstlerkolonie in Worpswede.
In erster Ehe (seit 1897) verheiratet mit *Helene Schröder*, gemeinsame Tochter *Elsbeth* (1898-1984). Nach dem frühen Tod seiner ersten Frau (im Jahr 1900) heiratet er 1901 Paula Becker.
Gemeinsames Leben in Worpswede bis zur Geburt der Tochter Mathilde, an deren Folgen Paula Modersohn-Becker stirbt. Die Beziehung besteht in gegenseitigem Verständnis und künstlerischem Austausch gleichwertiger Partner. Dennoch ist Modersohn nicht bereit, seiner Frau nach Paris zu folgen, woran die Ehe beinahe zerbricht. Nach Paula Modersohn-Beckers Tod verläßt er 1908 Worpswede und zieht ins benachbarte Fischerhude. Lebt dort ab 1909 mit seiner dritten Ehefrau, Louise Breling, mit der er zwei Söhne hat.

Rainer Maria Rilke, Schriftsteller. Geb. am 4. 12. 1875 in Prag, gest. am 29. 12. 1926 in Valmont bei Montreux. Kommt im Herbst 1900 auf Einladung Heinrich Vogelers nach Worpswede, wo er bei regelmäßigen sonntäglichen Treffen die dort lebenden Künstler kennenlernt. Mit Paula Becker verbringt er lange Abende in regem Gedankenaustausch über Kunst und Literatur. Er heiratet im folgenden Jahr die Bildhauerin Clara Westhoff, die engste Freundin der Künstlerin. Bereits im Sommer 1902 gibt er die gemeinsame Wohnung auf und zieht nach Paris. Auch dort steht er regelmäßig mit Paula Modersohn-Becker in Kontakt.
In seiner 1903 verfaßten Monographie über die Worpsweder Maler erwähnt Rilke Paula Modersohn-Becker nicht. Auch bei Rodin führt er

sie kurz darauf lediglich als »Ehefrau eines berühmten Malers« ein. Als bedeutende Malerin und Künstlerin nimmt Rilke Paula Modersohn-Becker erst kurz vor ihrem Tod wahr. 1908 verfaßt er ihr zu Ehren das »Requiem für eine Freundin«.
Ihr intensiver Briefwechsel erschien 2003 ebenfalls in der Insel-Bücherei.

Clara Rilke-Westhoff, Bildhauerin. Geb. am 21.9.1878 in Bremen, gest. am 9.3.1954 in Fischerhude. Besucht bereits mit 17 Jahren eine private Malschule in München. 1898 zieht sie nach Worpswede und nimmt bei Fritz Mackensen Unterricht im Zeichnen und Modellieren. Dabei lernt sie Paula Becker kennen, die ebenfalls Mackensens Schülerin ist. 1900 verbringen die Freundinnen einen mehrmonatigen Studienaufenthalt in Paris, Westhoff als Schülerin Rodins. Nachdem sowohl Clara Westhoff als auch Paula Becker im folgenden Jahr heiraten, wird ihr Kontakt geringer, zumal Clara nach der Geburt ihrer Tochter Ruth mit Rilke nach Paris zieht.

Heinrich und *Martha Vogeler*, befreundetes Künstlerpaar. Johann Heinrich Vogeler, geb. am 12.12.1872 in Bremen, gest. am 14.6.1942 in Kasachstan. Nach seinem Studium an der Kunstakademie Düsseldorf tritt er 1894 der Worpsweder Künstlerkolonie bei. Im folgenden Jahr bezieht er den »Barkenhoff«, den er zu einem Treffpunkt von Künstlern und Literaten ausbaut. Dort entsteht sein vom Jugendstil geprägtes Frühwerk. Verheiratet seit 1901 mit Martha Schröder (1879-1961), die ebenfalls künstlerisch und kunsthandwerklich tätig ist.
Nachdem sich das Verhältnis zwischen Paula Becker und den Worpsweder Künstlern anfangs eher zurückhaltend gestaltete, intensiviert sich ab März 1899 ihr Kontakt zu dem Ehepaar Modersohn sowie zu Heinrich Vogeler, der sie im Sommer 1899 im Radieren anleitet. Die farbarme grafische Technik begeistert Paula Becker jedoch nicht sehr. Heinrich Vogeler nimmt Paula Modersohn-Becker hauptsächlich als Ehefrau seines Künstlerkollegen wahr. Die Bedeutung der Malerin und ihres Werkes erkennt er erst nach ihrem frühen Tod, in dessen Folge er sich engagiert für mehrere Ausstellungen ihrer Gemälde ein-

setzt. Im Winter 1906 porträtiert Paula Modersohn-Becker seine Frau Martha.

Bernhard Hoetger, Bildhauer. Geb. am 4.5.1874 in Hörde, gest. am 18.7.1949 in Interlaken. Nach einer Bildhauerlehre in Detmold studiert er an der Kunstakademie in Düsseldorf und geht anschließend nach Paris, wo er 1906 Paula Modersohn-Becker kennenlernt, die ihn in seinem Atelier besucht. Als er durch Zufall entdeckt, daß sie Künstlerin ist, besteht Hoetger auf einen Gegenbesuch und ist von ihren Gemälden begeistert. Für Paula Modersohn-Becker hat dieses Urteil besonderes Gewicht, da ihre selbst gewählte Existenz nach der kurz zuvor erfolgten Trennung von ihrem Mann sie auch verunsichert: »Sie haben mir Wunderbarstes gegeben. Sie haben mich selber mir gegeben. Ich habe Mut bekommen. [...] Sie haben mir so wohl getan. Ich war ein bißchen einsam«, schreibt sie ihm. Im selben Jahr porträtiert sie zweimal seine Frau Lee. Nachdem sich Paula Modersohn-Becker endgültig von ihrem Mann scheiden lassen will, macht Hoetger seinen Einfluß geltend und vermittelt zwischen den Eheleuten, die sich während der anschließenden, gemeinsam in Paris verbrachten Monate versöhnen. 1913 gestaltet Hoetger das Grabmahl der Künstlerin, worin er die für Modersohn-Beckers Werk bedeutsame Mutter-und-Kind-Thematik aufgreift.
1914 kommt Hoetger nach Worpswede. Die anschließende Freundschaft mit dem Bremer Kaufmann Ludwig Roselius führt zu seiner Tätigkeit als autodidaktischer Architekt in der Bremer Böttcherstraße, zu deren Gesamtkonzept der expressionistische Bau des Paula Modersohn-Becker Museums zählt, das als erstes einer Künstlerin der Moderne gewidmetes Museum weltweit 1927 eröffnet wird.

Text- und Bildnachweise

Die Texte von Paula Modersohn-Becker sind folgender Ausgabe entnommen: Paula Modersohn-Becker in Briefen und Tagebüchern. Herausgegeben von Günter Busch und Liselotte von Reinken, Frankfurt am Main 1979.

Bildnachweise:
Fotothek der Réunion des Musées Nationaux, Paris (bpk/mnp): S. 18, 19, 23, 52, 54, 103.
Kunsthalle Bremen: 107.
Kunstsammlungen Böttcherstraße / Paula Modersohn-Becker Museum, Bremen: S. 81, 89, 99.
Paula Modersohn-Becker-Stiftung, Bremen: S. 6, 26, 48, 65, 67, 88, 91, 93, 97, 101 (oben), 102.
Musée d'Orsay, Paris / Giraudon / The Bridgeman Art Library: S. 30.
Saarland Museum, Saarbrücken: S. 46.
Westfälisches Museum für Kunst und Kulturgeschichte Münster: S. 71.
Weitere Nachweise über das Archiv der Herausgeberin und des Insel Verlags.
Bei den Bildern Paula Modersohn-Beckers wurde in den Legenden auf die Nennung des Namens verzichtet.

Inhalt

8. Auflage 2023. Insel Verlag Frankfurt am Main 2007. Bezugspapier: Gisela Reschke, Hamburg. Gesetzt in der Schrift Adobe Garamond. Gedruckt auf holzfreies, alterungsbeständiges mattgestrichenes Papier der Firma Inapa, Hamburg, von der Memminger MedienCentrum AG, Memmingen. Gebunden in Fadenheftung von der Josef Spinner Großbuchbinderei GmbH, Ottersweier. Dieses Buch wurde klimaneutral produziert: climatepartner.com/14438-2110-1001. Printed in Germany. Erste Auflage 2007. ISBN 978-3-458-19299-2.

www.insel-verlag.de